어린왕자 미술치료

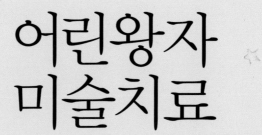

어린왕자
미술치료

내면의 샘을 찾아가는 치유여행

정여주 저

Art Therapy with the Little Prince

학지사

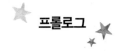

프롤로그

중학생 때 저녁노을이 지는 바다 풍경을 그리다가 노을의 아름다움에 취해 그리기를 멈춘 적이 있다. 그 후로 노을이 지는 시간을 항상 기다리곤 하였다. 그래서인지 『어린왕자』를 처음 읽었을 때 어린왕자가 노을 보는 것을 좋아한다는 대목에서 마음이 통하는 친구를 만난 것처럼 떨렸었다. 세월이 흘러 『어린왕자』를 다시 읽었을 때에는 어린왕자가 진심으로 나를 위로해 주는 친구 같았다.

『어린왕자』는 미술치료를 공부하면서 늘 마음에 함께한 존재다. 작가인 생텍쥐페리가 그린 삽화를 보면서 언젠가는 미술치료에서 어린왕자 이야기를 다루어 보아야겠다는 생각을 마음에 품게 되었다. 그의 그림에는 미술치료에서 만날 수 있는 이야기들이 담겨 있다는 것을 미술치료를 공부하면서 알게 되었기 때문이다.

『어린왕자』에는 치료사에게 많은 도움이 되는 은유적·상징적 메시지가 풍부하다. 이 이야기는 어린왕자와 비행사의 심리적·내적 역동을 아름답고도 흥미롭게 다룬다. 어린왕자의 여행과 내적 탐색은 비행사이기도 했던 생텍쥐페리의 심리적 성장과정이기도 하다. 또한 이 이야기는 우리가 겪는 갈등, 설렘, 이별, 외로움, 걱정, 실망, 좌절, 기쁨, 우정, 생명, 성장에 대해 신비롭게 표현하고 있다. 어린왕자는 그렇게 우리의 순

수한 영혼의 비밀을 밝혀 준다.

몇 년 전부터 개인미술치료에 『어린왕자』의 주제를 활용하면서 어린 왕자가 내담자들에게 정서적으로 적지 않은 울림을 준다는 것을 경험하였다. 이런 경험을 바탕으로 '어린왕자 미술치료 워크숍'을 진행하면서 주제와 프로그램을 계속 만들어 오고 있다. 『어린왕자』의 이야기들은 미술치료에서 다룰 수 있는 풍성한 주제들로 가득 차 있다. 『어린왕자』는 그림 그리기, 보이지 않는 것 그리기, 보여 주기와 보기, 귀 기울여 주기, 이해와 소통의 문제, 위기 상황에서 그림 그리기, 만남, 탐색, 신뢰, 전이, 역전이, 무의식 문제 대면, 감정 표현, 진실한 관계 맺기, 길들이기, 우정, 고유성 발견, 마음으로 보기, 헌신, 책임, 새로운 시선, 변화, 치유와 성장 등에 대한 메시지를 전한다.

그동안 '어린왕자 미술치료 워크숍'에 참여한 분들은 어린왕자를 좋아하는 분들이 대부분이었지만, 어린왕자를 별로 좋아하지 않아서 친해지기 위해 혹은 어린왕자가 마음에 와 닿지 않아 동화를 온전히 이해하기 위해 워크숍에 오신 분들도 있었다. 또 어린왕자가 미술치료와 어떤 관계가 있는지 알고 싶은 호기심으로 문을 두드린 분들도 있었다. 그러나 그들 대부분은 그동안 바쁘다는 이유로 자신의 마음을 들여다볼 시간이 없었다는 것을 깨닫고 어린왕자에게서 자신의 모습, 자기 정체성을 다시 찾고 싶다는 동기를 가지고 있었다.

어린왕자에게서 다시 찾고 싶은 것은 무엇일까? 어린왕자는 언제나 누구에게든 질문을 한다. 사람에게, 동물에게, 식물에게, 산에게, 사막에게, 그것이 어떤 존재이든 말이다. 어린왕자는 항상 무언가를 찾고 있고, 자신의 질문을 위해 모든 존재에게 편견 없이 열려 있으며, 어떤 상황에서도 자신의 화두를 놓지 않은 채 모든 노력을 다한다. 어린왕자의 이런 모습 때문에 우리도 그의 여행에 동행할 수 있는 것은 아닐까?

『어린왕자』는 미술치료사를 위한 동화이기도 하다. 이 동화는 진실한 관계 맺기에 대해 아름답고도 깊이 있게 전해 준다. 어린왕자는 편견 없는 치료사의 모델이다. 그는 자신이 만나는 모든 존재에게 귀 기울이고 대화를 나눈다. 그가 만난 존재들은 모두 어떤 방식으로든지 그에게 깨달음과 지혜를 전달한다. 어린왕자가 자발적으로 선택한 여행과 시련은 자신의 편견을 없애고 성장하기 위한 것이다. 어린왕자는 하늘의 수없이 많은 별, 우리를 향해 웃고 있는 별들처럼 우리의 정신을 깨운다. 어린왕자는 치료사의 길에 항상 동행하면서 헌신하고 길들인 것에 책임을 지고 꿈꾸라고 한다. 그리고 진솔하고 참된 우정을 맺으라고 한다.

　어느 해 여름 속리산의 한 절에서 평상에 누워 밤새도록 별을 바라본 적이 있다. 어린왕자의 별이 전하는 장미와 양과 바오밥 나무와 여우의 이야기를 새벽까지 들었다. 하늘 가득히 반짝이며 웃고 있는 조그만 방울들을 바라보는 것은 신비로운 체험이었다. 별을 보며 그들의 이야기에 귀 기울이는 것은 형언할 수 없는 깊은 의미를 발견한 시간들이었다. 내 안의 어린왕자와 다시 만날 수 있었던 시간이 몇 년 흐른 지금에서야 이 이야기를 미술치료에 담아 본다.

2015년 2월
정여주

차 례

PART I

동화를 통한
미술치료

나는 당신이 당신의 영혼 속에서 중요하고도 신성한 것을 잃어
버렸고 잊었다고 생각해요. 그것은 당신이 행복을 찾아 도달하
기 전에 먼저 다시 일깨워야 되는 것이지요.

— Hermann Hesse, 동화 『아이리스』 중에서

1. 동화 미술치료의 개요*

미술치료에는 내담자의 삶에 대한 이야기와 그 이야기와 연결된 이미지들이 치료적 바탕이 된다. 내담자는 근본적으로 자신의 삶에서 겪은 일들과 그와 관계된 이미지, 즉 심상을 이야기한다. 그러나 내담자들이 그것들을 말로 하기란 쉽지 않다. 어떤 내담자는 자신이 하고 싶은 이야기들이 마치 헝클어진 실뭉치같이 뒤죽박죽이어서 어디서부터 어떻게 시작해야 할지 모르겠다고 말한다. 또 다른 내담자들은 자신의 이야기를 하면서 자신이 겪은 고통스러운 상황과 장면들이 먼저 떠올라 힘들어하기도 한다. "그 일은 꿈, 그것도 악몽을 꾼 것 같아요." "나의 이야기는 한 편의 소설이에요. 아니, 소설보다 더 소설 같아요." "그 상처가 오래전에 아물었다고 생각했는데, 그때를 이야기하니 또 눈물이 나네요." "그때의 장면을 생각하기도 싫지만, 자꾸 떠올라요."

★ 이 내용의 일부는 정여주(2001), pp. 99-102에서 발췌함.

미술치료사는 내담자에게 이러한 내용들을 그림으로 표현하게 한다. 내담자는 자신이 겪은 상황을 이미지로 표현한 후에 치료사와 함께 그림을 보며 고통, 갈등, 두려움, 슬픔, 불안, 희망 등에 대한 이야기를 하면서 치유되어 간다. 그러나 내담자가 자신을 붙잡고 있는 심리적 현실을 대면하기 어려워하거나 두려워할 때, 미술치료사는 내담자가 겪는 문제를 이완을 통한 '적극적 상상'이나 음악, 동화 혹은 역할극 등을 연결하여 조형화하는 치료적 방법을 사용하기도 한다.

Petzold(1991)는 다양한 예술을 결합한 치료 형태를 '창의적 매체를 통한 통합적 치료' 혹은 '창의적 치료'라고 한다. 이는 '인간은 인지하고 수용한 것에 대해 모든 감각을 통합적으로 사용하는 창의적 표현을 함으로써 자신의 병을 치유하고 완화할 수 있으며, 인성을 개발하고 풍요롭게 할 수 있다'는 관점이다. 미술치료에서 다른 예술 매체를 결합하는 시도는 내담자에게 다양한 미적 경험을 제시함으로써 치료의 가능성과 영역을 넓혀 가기 위한 것이다.

미술치료에 동화의 이야기와 주제를 결합하는 시도와 연구는 이와 맥락을 같이한다. 동화는 원래 오래전부터 전해져 내려오는 인간의 풍속과 윤리와 도덕, 그리고 인간사의 다양한 면을 상징적이고 우화적이며 풍자적인 방식으로 풀어낸 옛날 이야기, 민담, 전설 등에 바탕을 두고 있다. 어린이를 위한 이야기인 동화도 인간의 보편적인 문제와 위기 상황, 딜레마, 그리고 그것을 해결해 나가는 과정을 어린이의 판타지에 맞도록 그려 낸다. 이런 점에서 동화는 어린이를 위한 이야기라는 협의의 범주에 국한되는 것이 아니라 모든 세대를 아우르는 이야기이자 서사문학이다. 이러한 인간의 보편적인 이야기들은 시대와 문화에 따라 연극,

영화, 소설, 애니메이션, 뮤지컬 등의 다양한 양식으로 표현되고 각색되어 재탄생된다.

동화의 구성은 도입부에서 문제 상황이 제시되며, 주인공은 그러한 상황을 환상적이고 드라마틱하고 마술적인 방법으로 겪으면서, 마지막에는 문제를 해결하여 행복한 결말을 맞이하게 된다. 독자는 이러한 동화 속 상상과 판타지의 과정을 주인공과 함께하며 "무의식의 진실"(Petzold, 1991)을 받아들이게 된다. 즉, 동화는 독자에게 "혼란스러운 감정들에 질서를 세울 수 있는"(Bettelheim, 1994) 자극을 주며, 무의식 속에 있던 긴장을 완화시켜 준다. 독자는 동화 속 주인공과 자신을 동일시하는데, 이러한 동일시를 통하여 동화 속에 제시된 어려움을 헤쳐 나가는 힘이 생기며 행복한 결말을 함께 누린다.

동화를 통해서 독자는 회피하거나 억눌렀던 자신의 그림자를 보게 되며, Jung의 말대로 자신의 부정적이고 어두운 측면과 대면을 통해서 건강한 자아로 성장한다. 동화는 독자 자신에 대한 신뢰와 미래에 대한 희망, 행복한 해결에 대한 믿음을 제시한다(Bettelheim, 1994). 독자는 동화를 통하여 자신도 모르게 문제를 해결하는 힘과 성장을 위한 힘을 얻게 된다. 이처럼 미래에 대한 용기를 전해 주는(Kast, 1998b) 동화의 구성과 내용이 이야기가 지니는 치료적 측면이다.

아동심리학자이자 작가인 Bettelheim(1994)은 저서 『어린이는 동화가 필요하다*Kinder brauchen Märchen*』에서 어린이의 성장에 동화의 중요성을 피력하며, 그 근거를 구체적이고 분석적으로 제시한다. 그에 따르면, 과거뿐만 아니라 현재에도 인간의 삶에서 가장 중요한 과제는 삶의 의미를 찾는 것이며, 교육의 중요한 과제 중의 하나도 어린이가 이러한 길을 가도록 도와주는 것이다. 이러한 점에서 동화는 독자가 삶을 간접적으로 경험하도록 도와주는 중요한 동반자다. Bettelheim은 동화가 인간의 실존적 불안을 진지하게 받아들여 그에 대해 말하고, 역경과 어려운 투쟁을 통해서 승리의 기쁨을 맞보게 하며, 정서적 삶과 지속적으로 관계 맺게 하는 특성이 있다고 전한다. 그의 이러한 관점은 동화를 치료적 의미로 연결시킨다.

Drewermann과 Neuhaus(1984)는 동화란 어린이보다는 어른을 위한 이야기라고 하면서, Freud와 Jung의 심층심리학적 관점에서 동화의 상징들을 분석하고 치료적 의미를 제시한다. 동화는 성인인 자아가 정신적 편협함과 경직성을 해결하고 자신이 가는 길을 찾아내는 과정을 이야기한다. 이들은 동화는 우리에게 많은 불안과 죄책감에도 불구하고 자기 삶의 권리에 대한 믿음과 자신의 마음이 말하는 진실에 무조건적으로 따르는 용기를 준다고 강조한다. 이런 의미에서 동화는 '자기 자신에 대한 안내자이자 무의식의 방향 표시'라 할 수 있다.

Bettelheim(1994)은 삶의 고난에 대한 투쟁은 피할 수 없는 인간 실존에 해당하며, 전래동화는 판타지를 가미하여 이러한 존재론적 메시지를 다양하게 소개한다고 피력한다. 그는 현대의 많은 동화책이 이러한 존재론적 문제를 회피하고 있으며, 어린이가 성장하는 데 필요한 어려움과 대면하는 장면을 보여 주지 않는 점을 비판한다.

Kast(1998b)는 Jung의 심리치료 관점에서 동화를 연구하고, 동화치료와 동화를 통한 미술치료를 시도한다. Schmeer(1994)는 미술을 통한 심리치료에서 내담자가 읽었던 동화 장면에 대한 기억을 탐색하고 그리게 함으로써 무의식의 문제들을 의식화하는 역동을 통해 치유적 비전을 찾아가게 한다.

Baer(2004)는 동화를 활용하여 게슈탈트 치료와 창의적 매체를 통한 통합적 치료를 시도한다. 그는 "동화는 인간적 특성과 행동방식, 특히 개인의 발달사를 명료화하는 은유적 특성을 가지고 있다."라고 한다. 또한 그는 내담자에게 심리적 반향을 불러일으키는 동화의 은유적이고 비유적인 힘이 치료에 효과적으로 작용한다고 강조한다. Baer는 동화를 통한 치료적 접근과 전망에 대해 '반향과 동일시', '내면의 주관적 관점', '극복 전략'과 '은유'를 제시하면서 그에 관련된 구체적 사례를 소개한다.

미술치료에 동화를 적용하는 것은 동화가 지닌 인간의 보편적인 문제와 해결 과정을 그림과 이미지로 연결시킬 수 있다는 점에서 출발한다. 내담자는 동화 내용을 그림으로 그릴 때 자신의 내면을 더 자연스럽고 솔직하게 드러내는 경우가 많다. 즉, 다시 말해 내담자는 동화 내용을 그리면서 자신의 상황과 문제를 그림에 무의식적으로 투사한다. 따라서 그림에 자신의 갈등, 두려움, 외로움, 좌절감, 사랑, 희망 등이 상징적으로 드러나는 경우가 많다.

동화를 그림으로 옮겨 그릴 때 그림의 내용이 동화의 내용과 다르게 표현되는 경우가 자주 있다. 이는 동화를 들으면서 어떤 장면에서는 자신만의 상상을 함으로써 동화의 내용을 그대로 받아들이지 않고 다르게 인지하기 때문이다. 이처럼 동화의 내용과 달리 표현된 장면은 자신의 정서, 특히 낯선 상황이나 이해하기 어려운 일, 힘들었던 상황에 부딪혔을 때 일어났던 정서와 맞물려 있을 때가 많다. 이러한 이유로 동화의 장면을 그대로 그리기보다는 자신의 정서와 기억에 연결된 이미지를 그리게 된다. 바로 이러한 이미지를 통해서 자신의 무의식과 만날 수 있게 된다.

내담자에게 불편한 것, 부정적인 것, 이해하기 어려웠던 것이 자신도 모르게 그림 이미지로 드러나고 대면하게 된다. 치료적이라는 것은 우리가 회피하는 원형적 이미지들을 그림을 통하여 깨닫고 화해하는 것을 의미하는데(Kast, 1998b) 이것이 바로 미술치료에서 그림이 주는 힘이다.

특히 동화를 통한 미술치료는 내담자가 동화 속 인물이나 상황을 그림으로써 자신에 대해 직접적으로 이야기하거나 표현하는 어려움이나 거부감을 줄일 수 있는 효과를 갖는다. 그림은 말로 표현하거나 전달하지 못하는 것을 색과 형태와 구성으로 더 잘 전달하고 표현할 수 있다.

동화를 통한 미술치료의 대상은 동화를 즐겨 듣거나 읽는 어린이부터 비현실적인 동화의 세계에 오래전부터 관심을 두지 않았던 성인까지 포함한다. 동화를 통한 미술치료의 형태는 개인치료뿐 아니라 집단치료에도 많이 적용된다. 참가자들은 동화의 주제가 자신의 삶을 투사한다는 것을 그림 감상을 통해 인식하고, 또 미술치료사와 다른 참가자들과 대화를 통해 깨닫는다. 더욱이 참가자들은 동화의 내용이 자신뿐만 아니라 함께한 다른 사람들에게도 적용된다는 것을 알게 됨으로써 공감과 위로를 받는 경험을 한다.

동화의 이야기는 대부분 가족사에서 출발하기 때문에 가족미술치료에도 중요한 영향을 미친다. 가족 구성원들은 한 주제를 다루면서 저마다 자신에게 중요한 것을 그림으로 제시한다. 가족 구성원들은 동화를 그리는 과정을 통해 자신들이 겪는 어려움을 상징적으로 제시할 수 있으며, 다른 가족 구성원들의 갈등과 소망을 어떤 말보다도 더욱 솔직하게 들여다볼 수 있게 된다. 여기에 가족 갈등의 해결을 위한 가능성이 있다.

동화의 내용을 그리는 것은 갈등과 실존의 문제뿐 아니라 성장의 길을 제시한다. 치료사는 드러난 문제를 상징적으로 해결하는 그림 과정을 유도할 수 있다. 그림은 동화처럼 갈등과 위기에서 극복의 길로 나아간다. 이러한 점에서 동화의 내용은 치료 과정에서 여러 장의 그림으로 그려질 수 있다. 한 예로, Schmeer(1994)는 심리치료에서 성인 환자가 동화『빨강모자』와『늑대와 일곱 마리 새끼염소』에 대해 기억하면서 자신의 어린 시절을 그 이야기 속에 투사하는 열 장의 그림을 그리는 치료 과정을 동행하였다.

미술치료에서 내담자는 동화를 듣는 것 자체로 그 내용에 몰입하게 되고, 그에 따라 감정이 일어나며 관련된 자신의 기억까지 깨어난다. 동화를 듣고 그림을 그리는 것은 그러한 정서와 기억을 창의적으로 재작업하는 과정이다. 이런 과정을 통하여 어린이뿐만 아니라 성인에게도 "자신 안의 창의적 어린이가 재활동함으로써 계속적으로 이어지는 중요한 상징, 상당한 치유력을 불러올 수 있는 '어린이의 원형'도 이루어진다"(Riedel, 2000). 그림 내용은 자신도 모르게 자신의 상황에 어울리게 묘사되고 자신의 이야기로 바뀐다. 평소에는 말로 표현하지 않았던 혹은 말하지 못했던 갈등, 어려움, 방어, 공격성, 불안, 정서 등이 그림에 투사된다. 놀이처럼 장난스럽게, 때로는 실험적으로, 혹은 아무 생각 없이 그린 작업에서 그림의 내용과 구성, 색, 형태로 나타난 심리적 상황과 정서 등은 치료의 중요한 요소다.

동화 미술치료에서 동화는 상처받은 내담자 안의 내면아이를 격려하여 성장의 길로 안내하며, 그러한 내용을 그림으로 그리는 과정에서 내담자는 자신의 문제와 갈등이 변화되는 경험을 한다. 여기에서 바로 창의적 활동이 내담자에게 힘을 주게 된다. 내담자는 창의적 활동을 통하여 자신을 형상화하고 개성화하는 치유작업을 하는 것이다(Riedel, 2000).

동화의 주제는 미술치료의 주제이기도 하며, 동화의 내용은 미술치료 과정과 같은 단계를 보여 준다. 즉, 동화 속 주인공의 "내적 투쟁과 외적 투쟁"(Bettelheim, 1994), 그리고 성장은 미술치료의 내담자가 삶에서 겪는 내적 갈등과 그것을 극복하려는 노력을 통하여 내적으로 치유되고 성장하는 것과 같은 의미를 지닌다. 동화에서처럼 내담자는 미술치료를 통해 삶의 의미와 자기 정체성을 찾는 경험, 그리고 그에 대한 확신을 하게 된다.

동화를 미술치료에 적용하는 것은 인간의 내적 성장을 다룬 동화의 내용, 상상과 판타지로 자극받은 내담자의 내면세계를 미적으로 상징화하는 작업이다. 내담자는 동화의 내용을 미술로 표현함으로써 자신의 문제를 동화 내용에 투사하는 경험을 하게 된다. 또한 그는 동화 내용의 전부가 아닌 일부나 어떤 장면 혹은 어떤 인물과 자신을 동일시하는 것을 발견한다. 그러한 동일시를 통해 내담자는 동화 그림에서 자신에게 반향을 일으킨 내용을 의식한다. 이러한 활동을 통하여 내담자는 자신의 무의식에 있던 심리적 내용을 의식하게 되고 내면의 자아와 마주하게 된다. 그리하여 내담자는 자신이 겪는 문제를 거리를 두고 볼 수 있는 힘과 문제 해결력을 키우며, 마침내 자신이 변화되는 과정을 거친다.

동화를 통한 미술치료의 참가자 중에는 동화를 듣다가 어떤 시점에서 생각이 멈춰 버려 이후의 내용이 더 이상 귀에 들어오지 않는다고 말하는 경우가 많다. 동화의 내용이 비현실적이어서 집중할 수가 없다고 말하는 성인들도 있다. 또한 동화를 듣고 인상적인 장면을 그리면서 색과 형태를 통하여 그리는 사람의 정서적 톤이 나타나며, 원래의 이야기와는 다른 것들이 첨가되거나 삭제 및 왜곡되기도 한다. 이것에서 바로 '상징화 과정'이 이루어진다(Riedel, 2000).

이때 치료사는 내담자가 동화를 어떻게 왜곡하고 있는지, 어느 부분을 잊어버렸는지, 어떻게 혼동하고 있는지, 어느 부분에서 듣기를 멈추었는지, 어느 부분에서 감정이 올라왔는지 등에 대해 주의 깊게 살펴보고 대화로 나눌 수 있어야 한다. 그리고 이러한 점들이 그 내담자의 삶과 관계가 있다는 것을 파악해야 한다. 내담자는 치료사나 집단원들과 동화 그림에 대한 이야기를 나누면서 그 그림이 동화 속 인물과 상황을 표현하고 있다 하더라도, 후에 자신에 대한 이야기라는 것을 의식하게 된다. 동화 그림은 바로 자기 자신과 관련을 맺고 있으며 자신의 이야기를 하는 것이다.

Jung은 내담자가 그림에 들어 있는 정서를 의식하는 것이 치료적 관점에서 많은 도움이 된다는 것을 강조한다(Jaffe, 1962). 이러한 과정을 통하여 그림을 그린 사람은 자신의 무의식에 자리 잡고 있던 갈등, 소원, 상처, 동경을 의식하게 되고, 이와 대면하게 되는 의식화의 과정에 이른다(Riedel, 2000). 이러한 의식화의 과정은 자신 속에 억압되어 있던 그림자를 발견하는 것으로, Jung은 "그림자의 자각Die Einsicht in den Schatten"(von Franz, 1982)을 통하여 치료의 가능성을 발견할 수 있다고 강조한다. 인간은 자신에게 걸림돌이 되는 것과 용감하게 대결함으로써 삶의 의미를 찾을 수 있는데, 동화는 이러한 메시지를 다양하게 보여 준다(Bettelheim, 1994). 동화 미술치료에서 내담자의 그림은 외면하고 회피했던 자신의 문제를 간접적으로, 그리고 판타지로 대면하게 해 주는 역할을 한다.

이러한 관점에서 치료에 이용할 수 있는 적절한 동화를 선택하고 분석하는 것은 동화를 통한 미술치료의 중요한 과제 중 하나다. 아직 우리나라에서는 동화의 심층적 접근이 잘 이루어지지 않고 있는 실정이다. 우리나라의 전래동화를 심층심리학적으로 접근한 이부영의 『한국민담과 심층분석』(1995)이 있으나, 앞으로도 이에 대한 지속적인 연구가 필요하며 이는 치료적 관점에서도 중요한 역할을 한다. 미술치료 임상에 우리의 동화를 적용하기 위해서는 동화가 지니는 상징성과 심층적 의미에 대한 이론적 연구와 방법적 개발이 필요하며 그에 따른 사례 연구도 이루어져야 한다.

2. 동화의 상징

오랜 세월을 거처 전해져 내려오는 전래동화는 인간의 집단무의식, 즉 인간 "무의식의 원형적 심상세계archetypische Bilderwelt des Unbewußten" (Drewermann & Neuhaus, 1984)가 상징적으로 살아 숨 쉰다. Kast(1998b)에 의하면, 상징들은 개인적 존재인 우리에게 말을 걸어 올 뿐만 아니라, 동시에 우리의 개인적 문제는 집단적 실존 문제kollektiv existentielles Problem라는 것을 증명하며, 알려지지 않은 배경, 받아들일 수 있는 근원을 찾아가게 한다. 동화는 바로 인간의 보편적 문제를 상징적으로 묘사한 것으로, 이러한 문제는 과거에만 관련된 것이 아니라 현대인의 삶에도 도움이 된다(Kast, 1998c).

Drewermann과 Neuhaus(1984)는 동화의 해석은 주인공의 문제가 정신적 발달의 어떤 단계에 있느냐에 따라 Freud 학파나 Jung 학파의 해석을 적절하게 선정하여 적용할 수 있다고 본다. 즉, 주인공의 문제가 초기 발달 단계인 경우는 Freud의 관점으로, 인생 중반기 이후인 경우는 Jung의 관점으로 해석하는 것이 더 적절하다는 견해다. 그러나 동화의 그림과 내용 해석에서는 강조점이 변경될 수 있어야 하며, 독단적인 경직성은 피해야 한다고 강조한다.

동화의 주제는 가족의 이야기에서 출발하는 경우가 많으며, 자식이 성장하여 부모를 떠나 새로운 가정을 이루려는 데서 오는 문제를 많이 다루고 있다(Kast, 1998a). 즉, 어린이가 청년이 되고 성인이 되는 성장 과정 속에서 치러야 할 갈등을 보여 준다. 여기에는 어린이가 성장하면서 부모로부터 분리되는 과정, 변화와 새로운 관계의 과정에서 생기는 청소년기의 다양한 심리적 문제, 예를 들어 자기애 실망, 오이디푸스 딜레마, 형제자매 경쟁, 독립성, 자의식, 도덕적 의무감 등이 판타지가 가미되어 상징적으로 제시된다(Bettelheim, 1994).

Kast(1998a)에 따르면, 동화는 인간이 겪는 심리적 위기 상황에서 성장의 길을 제시하는데, 그 안에는 인생의 변화와 그에 대한 희망이 있으며 고난 속에서 그것을 극복하는 힘을 판타지와 상상을 통하여 보여 준다.

또한 동화 속 인물들이 겪는 다양한 감정은 상징과 연결된다. 놀람, 무서움, 슬픔, 외로움, 두려움, 분노, 배신감, 위축감, 기쁨, 환희 등은 동화를 통한 미술치료에서 말보다 더 큰 상징적 의미를 지니며 표현될 때가 많다. 다시 말해, 동화를 통한 미술치료에서는 말로 표현하기 어려운 심리적 내용들이 판타지와 상상을 통하여 상징적 이미지로 묘사될 수 있다. 우리에게 판타지와 상징이 존재하지 않으면 우리의 억압된 무의식의 내용들은 그 출구를 찾기 어렵다. 이러한 상징은 예술의 시각언어이기도 하며 치유의 힘이 된다.

동화는 상징을 통하여 자신도 몰랐던 무의식의 내용을 의식화하게 하고, 의식화된 내용을 통하여 인생의 방향을 찾을 수 있도록 도와준다. 내담자는 동화를 듣거나 동화를 통한 판타지를 그림으로 그리면서 동화 속 인물의 갈등과 성장통, 소망 등이 바로 자신의 문제나 소망을 상징한다는 것을 발견하게 된다. Baer(2004)에 따르면, 이러한 과정은 동화의 내용이 내담자에게 질적 반향을 불러일으켜 새로운 이미지를 야기하며 결과적으로 자신과의 동일시를 인식하는 과정이다. 여기서 심상과 판타지는 내담자 자신의 깊숙한 곳에 있던 무의식을 표현하는 불씨와 같다. 여기에서 성장을 향한 출구가 보이게 된다.

무의식의 심리적 내용으로는 선과 악의 대결, 성장을 위한 위기와 갈등과 혼란, 여성성과 남성성, 쾌락 원리와 현실 원리, 인간의 그림자 등이 있다(Kast, 1998a). 이러한 주제들은 지혜로운 왕, 어리석은 왕, 영웅, 왕비, 마녀, 전능한 힘을 가진 거인이나 동물, 공주, 왕자 등으로 상징화된다. 마귀, 나쁜 여왕, 도깨비, 늑대, 사악한 계모, 멍청한 거인 등은 인간의 무의식에 있는 그림자의 상징으로 나타난다.

Kast(1998b)는 동화가 지니는 상징이 무의식을 상징적으로 표현하는 꿈이나 인간과 우주의 관계를 상징적으로 묘사한 신화와 가깝다고 본다. 이는 동화의 상징은 개인적 실존에 관한 것이면서 동시에 집단의 실존적 문제라는 Jung의 상징 이론을 뒷받침하는 것이다. 그러나 이러한 상징들은 한 가지 의미만을 지니는 것이 아니라 다양한 의미를 내포할 수 있다. 이러한 관점에서 상징은 '잉여의미(Bedeutungsüberschuß)'를 지닌다. 즉, 우리는 상징을 해석하려고 하지만 이러한 시도는 상징 해석의 일부분이며, 상징은 시간이 지남에 따라 사람마다 달리 이해될 수 있는 여지를 가지고 있다는 것이다. '동화 내용은 동일한 사람의 생의 단계에 따라 서로 다른 의미를 지닐 수 있다.'(Baer, 2004)는 점에서, 동화를 통한 미술치료에서는 내담자의 연령과 상황에 따라 그가 표현하는 상징들이 다르게 해석될 수 있다.

Baer(2004)는 동화가 꿈과 같다고 본다. 그러나 꿈은 온전히 꿈을 꾼 사람에 의해 생성되고 꿈에서 나오는 여러 인물과 대상은 꿈꾸는 사람의 성격 일부이며 그 사람과 동일시되는 반면, 동화는 동화 내용 전체가 아닌 일부분이나 한 장면 또는 다양한 인물이 상황에 따라 내담자 개인에게 해당되는 차이가 있다고 설명한다. 그는 Jung 학파의 동화치료에서처럼 인물에게만 초점을 맞추는 것이 아니라, 인물은 물론 다른 대상들에게도 초점을 맞출 수 있다고 한다.

Kast(1998c)는 동화의 상징을 여러 면으로 해석할 수 있다는 점이 흥미롭다고 지적하면서, 단 하나만의 '옳은' 해석은 존재하지 않는다고 본다. 그렇기 때문에 치료에서도 상징 해석은 개인의 상황과 그가 속한 문화에 따라 달라질 수 있다. 그러나 상징은 일반적으로 인간의 기억, 갈망, 기대와 이상향의 몫을 지니고 있으며(Riedel, 2000), 인간의 집단적 무의식을 반영하고 있다는 것을 간과해서는 안 된다.

3. 동화 미술치료의 과정

동화 미술치료의 과정은 다음과 같이 요약할 수 있다. 그러나 내담자나 집단의 상황에 따라 이 과정은 변경되고 수정될 수 있다.

1) 이완 과정

- 내담자 혹은 집단원은 편안한 자리를 찾아 앉는다. 치료사의 안내에 따라 호흡을 고르게 하며 이완을 한다.
- 고요한 상태가 되면 눈을 감거나 뜨고 동화를 들을 준비를 한다.

2) 동화 듣기

- 치료사는 동화를 읽어 주거나 그 내용을 이야기로 들려 준다.
- 치료사는 내담자에게 중요하다고 생각되는 주제의 동화나 내담자가 좋아하는 주제의 동화를 읽어 준다.
- 이때 동화의 내용이 너무 길지 않도록 분량을 적절히 줄일 수도 있다.
- 집단미술치료인 경우는 집단원들이 돌아가며 원하는 만큼 내용을 나누어 읽을 수 있다.
- 『어린왕자』처럼 긴 동화일 때는 한 회기마다 한두 개 장씩 다룬다.

3) 동화에 대한 느낌 나누기

- 내담자 혹은 집단원은 동화를 들은 후 느낀 점에 대해 서로 이야기를 나눈다. 그러나 이 부분을 생략하고 바로 다음 단계로 넘어갈 수도 있다.

4) 동화 그리기

• 내담자 혹은 집단원은 동화를 들은 후나 동화에 대한 대화를 나눈 후에 자신에게 가장 인상적인 장면을 그림으로 그리거나 입체적으로 표현한다.

• 혹은 치료사가 동화 내용 중에 주제를 선택하여 제시하면 내담자는 그 주제를 표현한다.

5) 감상과 대화 나누기

• 그림을 그린 후에는 작품을 모아 놓고 감상하면서 그림에 대해서 서로 이야기를 나눈다. 이 과정에서 중요한 것은 왜 자신이 이 그림을 그렸으며, 이것이 자신의 삶과 어떤 관련이 있는가를 들여다보는 것이다.

• 치료사는 집단원 혹은 내담자가 작품의 상징, 심리적 문제, 자원, 정서, 무의식의 내용 등을 의식하고 인식할 수 있도록 단계적으로 안내하고 유도한다.

4. 동화 미술치료의 기법

동화 미술치료의 기법은 다양하게 개발할 수 있는데, 일반적인 것은 다음과 같다.

• 치료사는 내담자 혹은 집단원에게 동화를 들려 주고 그중에서 개

인에게 가장 인상적인 것을 그리게 한다. 입체적 작업도 가능하다.

- 치료사가 동화의 일부분을 읽어 주면, 내담자 혹은 집단원은 자신의 상상을 바탕으로 이야기의 마무리를 그림으로 그린다. 보통 치료사는 동화에서 갈등이 전개되는 부분까지 읽어 준다.

- 내담자 혹은 집단원은 자신이 가장 좋아하는 동화를 생각하거나 기억하여 그중에서 인상적인 장면을 그리거나 입체적 작업으로 표현한다.

- 치료사는 내담자 혹은 집단원에게 필요한 주제를 동화에서 선택하여 내용을 이야기하거나 읽어 주고 그림으로 표현하게 한다.

- 집단일 경우에는 동화 내용에서 선택한 주제를 집단원들이 한 종이에 함께 그리거나 입체작업을 할 수 있다.

- 집단 활동에서는 치료에서 다루어야 할 주요 내용이 있는 장면이나 인물들을 역할극으로 연결할 수 있다. 역할극을 한 후에 그 느낌을 그림으로 그린다.

- 치료사는 내담자 혹은 집단원 모두가 알고 있는 동화의 제목만 주고 원 내용과 다른 내용으로 동화를 쓰게 한다. 마지막에 동화의 표지를 그리고 제목을 마음대로 정하여 적을 수도 있다.

5. 어린왕자 미술치료 안내

어른을 위한 동화 『어린왕자』는 미술치료에 적합한 주제와 상징이 풍부하다. 필자는 『어린왕자』의 각 장을 미술치료에 적용하는 주제와 프로그램을 개발하여 수년간 워크숍을 진행해 왔다.

그동안 미술치료사, 심리치료사, 심리상담사, 독서치료사, 교사, 그리고 다른 영역에서 활동하는 많은 분들이 '어린왕자 미술치료 워크숍'에 참여하였다. 그들은 워크숍 프로그램을 자신들의 임상 영역에 활용하면서 내담자들이 아주 의미 있는 주제로 받아들였다는 피드백을 주고 있다. 또한 개인의 문제 해결과 성장을 위해서 이 워크숍에 참여한 일반인들 역시 긍정적 변화를 경험하고 자신의 정체성을 찾는 계기를 갖게 되었다는 이야기를 전해 준다.

2부에서 다루는 '어린왕자 미술치료'는 아동, 청소년, 성인 모두가 대상이 되며, 심리적 문제와 정신적 고통으로 상담 혹은 치료가 필요한 이들과 자기성장 욕구를 가진 모든 이에게 적용할 수 있다.

2부의 내용은 『어린왕자』의 내용에 따라 1장부터 27장까지 순서대로 소개한다. 그러나 이 책의 내용을 활용할 경우 대상에 따라 순서에 상관없이 주제를 선택할 수 있다. 각 장은 5단계로 구성되어 있으며, 각 단계마다 소제목을 이미지로 제시하여 안내하고자 한다.

2부 '어린왕자 미술치료'의 각 단계는 다음과 같이 구성되어 있다.

• 첫 번째 단계: 『어린왕자』의 내용을 소개한다.

→ 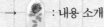 : 내용 소개

• 두 번째 단계: 『어린왕자』의 내용을 풀어 쓴다.

→  : 내용 풀기

• 세 번째 단계: 각 장의 주제와 그와 관련된 내용 및 상징을 소개한다.

→  : 주제 제시

• 네 번째 단계: 주제와 관련된 이론적 바탕과 미술치료에서 치료사가 각 주제를 어떻게 다루고 적용해야 할지를 다룬다.

→ : 미술치료 적용

• 다섯 번째 단계: 미술치료 프로그램과 〈대화〉 내용은 치료사가 선택하여 적용하거나 다른 내용을 첨가할 수 있다. 실제 작품 사례들을 제시한다.

→ : 미술치료 프로그램/실제

PART 2

어린왕자
미술치료

어린 시절은 비밀과 신비를 간직하고 있다.
그러나 누가 그 시절의 비밀과 신비를 이야기하고 설명할 수 있을까?
우리 모두는 어린 시절이라는 내밀한 비밀의 숲을 지나 왔다.

—Max Müller, 『독일인의 사랑』 중에서 첫 번째 회상

헌사: 레옹 베르트에게

생텍쥐페리는 동화 『어린왕자』를 어떤 어른에게 헌정한다며 어린이들에게 용서를 구한다. 그가 심사숙고하여 그렇게 결정한 첫 번째 이유는 이 어른이 그의 가장 친한 친구이기 때문이다. 두 번째 이유는 이 친구가 모든 것을 이해하고 심지어 어린이를 위해 쓰인 책들까지도 이해할 수 있기 때문이다. 마지막 세 번째 이유는 이 친구가 프랑스에서 살면서 배고픔과 추위에 지쳐 위로가 절실하게 필요하기 때문이다.

생텍쥐페리는 이 세 가지 이유로도 충분하지 않다면, 어린 시절의 그 친구에게 책을 바치겠다고 한다. 어른도 한때는 어린이였지만, 이 사실을 기억하는 어른은 별로 없다고 한다. 이렇게 밝힌 후 그는 '레옹 베르트에게'라는 제목을 '어린 시절의 레옹 베르트에게'라고 고쳐 쓴다.

생텍쥐페리는 『어린왕자』의 머리글에서 한때는 어린이였던, 위로가 필요한 어른에게 이 책을 바친다고 밝힌다. 고등학생 시절 『어린왕자』를 처음 손에 들었을 때에는 이 머리글을 읽은 기억이 없다. 유학 시절에 『어린왕자』를 다시 읽었을 때에야 비로소 헌사가 마음에 와 닿았다. 독일의 겨울은 성탄을 앞두고 노천 시장이 도시의 광장을 가득 메우면서 동화 속 풍경으로 변한다. 흥분과 설렘으로 뺨이 빨갛게 달아오른 아이들, 붉은색의 뜨거운 글루바인, 성탄 노래와 떠들썩하고 흥겨운 분위기는 내가 다른 별에서 왔다는 것을 더욱 실감나게 했다. 크리스마스트리를 장식하는 색색의 방울들은 어린왕자가 지구를 떠나면서 자신이 보고 싶을 때 바라보라던 한 아름의 웃는 방울 별들처럼 보였다. 절절한 향수를 자주 느꼈던 시기였기에, 생텍쥐페리의 헌사는 내게 깊은 울림을 주었다. 마치 위로가 필요한 레옹 베르트가 된 듯했다.

피셔 디스카우가 부른 슈베르트의 〈겨울 나그네〉 가사 중에 'Herz' (심장, 가슴이라는 뜻의 독일어)라는 단어만으로도 위로가 되었던 적이 있다. 아주 깊은 곳에서 울려 나오는 그의 목소리로 듣는 'Herz'는 말로 표현할 수 없는 위로였다.

누구나 위로가 절실히 필요했던 상황과 시기가 있었을 것이다. 어쩌면 지금이 바로 위로가 필요한 때일 수도 있다. 위로가 필요할 때, 누가 어떻게 위로해 주었는가? 혹은 누구에게 위로받고 싶었는가? 지금이 그 순간이라면 누구에게 위로받고 싶은가?

위로받고 싶은데 누구도 위로해 주지 않았거나 어떤 것도 위로가 되지 않을 때가 있다. 때로는 위로받고 싶은 마음을 애써 감추려 했던 적도 있을 것이다. 혹은 친한 사람들이 의아해하면서 무슨 위로가 필요하냐며 물은 적도 있을 것이다. 어떤 상황에선 위로가 필요하다는 것조차 느끼지 못할 수도 있다.

또 누구를 위로하고 싶은데 거절당한 적도 있을 것이다. 때로는 상대방을 어떻게 위로해야 할지 몰라 힘들었거나 자신의 한계나 무력감을 느낀 적도 있을 것이다.

우리는 자신을 어떻게 위로하는가?

위로는 치료의 동반자이자 뿌리다. 치료사는 마음을 다해 내담자에게 어떤 위로가 필요한지, 어떻게 위로해야 할지를 고민해야 한다. 그러기 위해서는 먼저 내담자의 마음을 읽기 위해 귀를 기울여야 한다. 위로받고 싶은 내담자에게는 치료사의 중립적인 말과 태도가 때로 자신을 평가하는 차가운 모습으로 보일 수 있다. 반면 치료사가 내담자의 편을 들어주기 위해 내담자에게 상처를 준 사람을 함께 비난하고 평가하는 것 또한 위로라는 명목의 위험한 행위가 될 수 있다. 위로는 감정을 함께 표출하거나 모두에게 문제가 있다거나 아무에게도 문제가 없다고 말하는 것이 아니라 온전한 마음으로 귀 기울여 들어 주는 것이 우선이다. 여기에서 치료사의 진정한 공감이 이루어진다.

치료사의 경청과 진지한 위로는 상처받은 마음, 외롭고 힘든 상황, 혼란스러운 시기 혹은 고통에 처한 내담자에게 추운 겨울에 조용하게 내미는 따뜻한 장갑과 같다. 이를 위해서는 치료사가 자신의 삶에서 위로받은 경험을 먼저 들여다보는 것이 필요하다. 위로받아 보지 못한 혹은 자신을 위로한 적이 없는 치료사는 위로하는 것을 어려워하고 피하거나 혹은 자신이 받고 싶었던 위로를 오히려 내담자에게 받으려는 무의식적 욕구를 표출할 수 있다.

주제 1. 위로해 준 존재
• 자신에게 위로가 되었던 사람, 자연, 동물, 상황 등에 대한 이미지 그리기/만들기

주제 2. 위로하기
• 위로해 주고 싶은 사람을 생각하며 위로의 이미지 그리기/만들기

주제 3. 자기 위로
• 힘들었던 때를 기억하며 자신을 위로하는 그림 그리기/만들기

⁞ 주제 1. 〈위로해 준 존재〉

주제 4. 위로 그림

• 치료사가 위로와 관련된 명화 혹은 사진 4~6장 정도 보여 주기

• 내담자는 자신에게 위로가 되는 그림 혹은 사진 찾기

• 선택한 그림 혹은 사진이 위로가 된 이유에 대해 이야기 나누기

• 선택한 그림 혹은 사진으로 '위로' 주제를 콜라주로 표현하기

1
나의 그림 제1호

『어린왕자』 1장을 펼치면 어떤 동물의 몸 전체를 휘감고 있는 뱀과
온몸이 뱀에게 감긴 동물이 입을 벌린 채 눈을 크게 뜨고 있다. 몸이 감
긴 동물은 꼬리와 머리만 보인다. 뱀은 그 동물의 머리를 향해 입을 크
게 벌리고 날카로운 이빨을 보이며 삼키려 한다.

『어린왕자』의 화자인 나는 여섯 살 때 원시림에 대한 그림책인 『체험
담』에서 맹수를 집어삼키는 거대한 뱀을 보고 그것을 그린 어릴 적 이
야기를 한다. 보아뱀은 먹이를 씹지 않고 바로 삼킨 후 소화를 위해 6개
월 동안 잠만 잔다. 어린 나는 이 이야기를 오랫동안 생각한 후에 처음
으로 그림으로 그린다.

나의 그림 제1호!

나는 제1호 그림인 맹수를 잡아먹은 보아뱀을 그리고는 어른들에게

나의 걸작을 보이며 묻는다. "이 그림 무섭죠?" 어른들은 "무섭다고? 왜 모자를 보고 무서워해야 하는데?" 하며 되묻는다. 그래도 나는 계속해서 많은 어른들에게 그림을 보이며 묻지만 그들은 하나같이 되묻는다. "무섭다고? 왜 모자를 보고 무서워해야 하는데?" 나는 모자가 아니라 코끼리를 소화하고 있는 보아뱀을 그렸지만, 어떤 어른도 알아보지 못한다. 나는 어른들에게는 설명이 필요하다는 것을 깨닫고 뱀의 배 속에 있는 코끼리를 그려 보여 줘야겠다고 생각한다.

나의 그림 제2호!

나는 코끼리가 들어 있는 보아뱀 그림을 보여 주지만 어른들은 여전히 귀 기울여 듣지 않는다. 어른들은 속이 보이거나 보이지 않는 뱀을 그리는 것은 그만두고 공부나 하라고 충고한다. 그들은 그림을 이해하려 하지 않는다. 나는 어른들의 말과 행동에 실망하여 화가가 되고 싶었던 마음을 접는다. 하지만 이후에도 어른들에게 보아뱀 그림을 보여 주며 그들이 정말로 이해할 수 있는지 알고 싶어 한다. 그러나 청년이 될 때까지 모든 어른들은 뱀을 '모자'로만 보았기 때문에, 나는 더 이상 나의 경험을 이야기하지 않기로 마음먹는다.

어린아이는 책에서 동물 세계의 양육강식에 대해 보고 동물에 대한 무서움을 자신의 상상력과 판타지로 그려 냈다. 어린아이는 무서웠던 것을 그림으로 표현하고 자신이 어떤 경험을 했는지 어른들에게 알리고

싶어 한다. 그러나 어른들은 어린아이의 말에 귀 기울여 주지 않고 그림
도 주의 깊게 보지 않는다. 오히려 모자를 그려 놓고 무서운지 묻는 아
이에게 핀잔을 준다. 배 속에 코끼리가 있는 뱀의 모습을 그려도 어른
들은 마찬가지 반응을 보인다. 아이는 공감과 이해를 받고 싶어 많은 어
른들에게 여러 번 똑같은 질문을 하지만 그들의 태도와 대답은 한결같
다. 마침내 아이는 마음의 문을 닫는다.

아이들은 그림으로 자신을 표현하여 이해받고 싶어 하고 또 어떤 때
는 위로와 보호를 받고 싶어 한다. 아이들은 그림으로 소통하는 것을
자연스럽고 당연하게 여긴다. 아이들은 보는 것과 이해하는 방식이 한
가지가 아니라 다양할 수 있다는 것을 그림으로 보여 준다. 그러나 어른
들은 그것을 이해하지 못한다.

누구나 어릴 적에 무서워했던 것이 있다. 어린왕자 미술치료에서 어린
시절에 무엇을 무서워하였는지 물어보면 대답들이 다양하다. 어둠, 귀
신, 동물, 어른들이 겁주기 위해서 사용하던 어떤 이름, 거인, 괴물, 도깨
비, 벌레, 바스락거리는 소리, 천둥소리, 집에 혼자 있던 상황, 혼나기 전
의 경고, 매, 불 꺼진 방, 그림자, 화장실, 놀란 상황, 싸우는 소리, 그림
책이나 TV에서 보았던 장면 등등.

왜 그것들을 무서워했는가? 무서움은 언제까지 계속되었는가? 어른
들은 아이가 무서워할 때 잘 보살펴 주는가? 아이가 무서워하는 것을

보고 놀리는가? 아니면 그것이 대수롭지 않은 듯, 하찮은 듯 반응하는가? 자신이 무서워할 때 보호해 주고 안심시켜 준 사람은 누구인가?

무서운 기억은 그것을 기억할 수 있는 나이나 상황보다 훨씬 오래전의 것일 수 있다. 무서움에는 놀람과 함께 신체적 반응과 여러 감정이 뒤섞여 있다는 것을 알기까지는 오랜 시간이 걸리거나 모르는 채 있는 경우도 많다. 어릴 적 무서워했던 것은 청소년, 성인이 되어도 영향을 끼칠 수 있다. 무서워했던 것은 그 자체뿐 아니라 그와 관련된 감정이 늘 함께 존재한다.

우리는 무서운 것을 말하고 싶어 하는 사람에게 귀 기울여 줄 마음의 공간을 가져야 한다. 그것이 그림으로 표현될 때에도 그림의 말을 경청함으로써 소통의 장이 열리게 된다.

1장은 경청 및 그림을 통한 의사소통 방식과 관련하여 미술치료에서 중요한 주제를 제시한다. 내담자는 미술치료에서 미술을 통해 의식적, 무의식적으로 자신을 표현한다. 아이가 그림을 그린 후 어른이 그것을 알아주기를 바라는 것처럼, 내담자도 미술치료사가 자신의 그림을 이해해 주기를 바란다. 그것이 자신이 알고 그린 것이든 자신도 모르게 그린 것이든 마찬가지다.

미술치료사는 내담자의 그림을 통해서 보이지 않는 마음을 들여다볼 수 있어야 한다. 그러나 한 장의 그림으로 내담자의 마음을 읽고 이해하기란 쉽지 않다. 미술치료사는 그런 어려움을 어떻게 접근하는가? 내담자가 "이 그림 무섭죠?"라고 하면 무서운 이야기가 들어 있는 것을 볼 수 있는가, 아니면 그것을 보지 못하면서 '무섭다'고 말로만 동의하는가? 혹은 잘 모르지만 대화를 통해 풀어 나가는가?

여섯 살 아이가 무서운 것을 그리겠다고 마음먹은 것과 그림으로 표현한 내용을 들여다보자. 아이들은 무서움을 말로 잘 표현하지 못하고 무서운 상황과 그에 대한 느낌과 상상을 그림으로 잘 그린다. 아이들의 세계에는 어른이 알지 못하는, 현실과 다른 자기들만의 판타지가 있다. 아이들에게는 이러한 판타지가 현실과 같은 의미를 지닌다. 그림은 아이들의 또 다른 현실이다. 미술치료를 받는 청소년이나 성인 내담자에게도 그림은 같은 의미를 지닌다. 그림은 내담자의 또 다른 현실이며 오랫동안 정신을 지배해 온 내적 현실이다.

미술치료사는 내담자가 표현한 그림의 의미를 탐구하고 이해하기 위해 그림과 그림을 그리는 과정에 대한 관찰과 경청이 필요하다. 그림에 귀 기울여 주는 것! 그렇지 않다면 미술치료사도 보편적으로 보이는 것만을 보는, 즉 코끼리를 잡아먹은 뱀을 모자로만 보는 편협한 관점을 가지게 된다. 다시 말해서, 내담자는 자기 내면의 기억으로 생생하게 살아 있는 이미지를 자기 식으로 표현했는데, 치료사가 경청할 자세가 되어 있지 않거나 치료 목표에 대한 성급함으로 그림이 전하는 메시지나 내담자의 마음을 읽지 못할 수 있다.

미술치료사가 내담자의 그림을 이해하지 못하면 당연히 의사소통의 어려움이 따른다. 그런데 내담자 자신도 자기 그림이 어떻게 해서 그렇게 그려지게 되었는지 모르는 경우가 있다. "아무 생각 없이 그렸어요."

혹은 "나도 모르겠어요. 이렇게 그려진 이유를 모르겠어요."라고 말하는 내담자들이 있어 그림에 대한 이해가 더욱 어렵기도 하다.

내담자가 계획 없이 무의식적으로 그림을 그릴 때는 내담자 자신도 그 의미나 내용을 의식하지 못한다. 이러한 경우에 치료사가 먼저 알 것 같다고 하며 의미를 부여하거나 해석을 하기도 하는데, 이는 치료 관계를 더 혼란스러운 상황으로 이끌 수 있다. 우선 그림이 전하는 메시지에 귀 기울여 듣는 것이 필요하다.

미술을 통한 치유에서 중요한 요소는 미술치료사의 그림에 대한 태도와 그림 이해와 연결된다. 그림은 정서를 표현하는데, 미술치료사가 그것이 무엇을 의미하는지 이해하기보다 먼저 해석하려 하거나 평가하려 하는 것은 무서운 상황을 그린 아이가 어른들에게 끝없이 동의를 구하는 1장의 내용과 연결된다. 즉, 보아뱀을 모자로 보는 어른들과 같다. 미술치료에서 내담자가 자신의 어려움이나 고통을 말보다 그림으로 표현할 때 치료사가 그것을 들어 주고 알아주지 못하면, 내담자는 불만, 불신, 소외감, 좌절감, 단절감을 경험할 수 있다.

경청은 단지 정확하게 잘 듣는 것이 아니라, 낯설고 모순되고 통찰하지 못한 상대방의 고통스러운 삶에 모든 주의를 기울이는 겸허한 상태의 능력이다(Buber, 1990). 미술치료사에게 이러한 경청과 공감 능력, 내담자를 이해하려는 노력은 치료의 귀중한 열쇠다. Sansot(2000)에 따르면, "무엇을 말하고 싶어 하는 사람과 그 말을 진지하게 들으려는 사람, 이 두 사람의 만남은 말하자면 하나의 사건이라고 할 수 있다……: 듣는 사람은 주의력을 지녀야 하고, 또 들은 내용을 마음에 새겨 둘 수 있어야만 한다. 그럴 때 비로소 서로를 받아들일 수 있는 공간이 만들어지고,

그런 공간 안에서만 상대방의 말이 본래의 의미를 가질 수 있게 된다." 이는 미술치료사가 내담자에게 가져야 하는 덕목이기도 하다. 또한 Sansot는 "타인의 말을 들어 줌으로써 그를 최고의 상태에 이르게 할 수 있다……. 듣는 사람은 자신의 존재를 잊고 상대방에게 몰입함으로써 오히려 더욱 풍요로워진다."라고 말한다.

주제 1. 무서움
• 어릴 적 무서웠던 것이나 상황 그리기
• 완성 후 자기 자리에 그림 펼쳐 두기
• 집단인 경우, 치료사가 각 그림 옆에 메모지 준비
• 모든 집단원이 다른 집단원의 그림을 감상한 후 각 그림이 표현한 무서움에 대해 느낀 점을 글로 써서 익명으로 그림 아래에 넣어 두기
• 각자 자기 자리에 돌아와 다른 집단원이 쓴 글 읽어 보기
• 자신이 표현한 무서움과 집단원이 쓴 글에 대한 느낌 나누기

대 화
• 얼마나 무서웠는가? 몇 살 때 혹은 어떤 시기, 어떤 상황이었는가?
• 무서웠던 것을 그리면서 떠오른 다른 감정은 무엇인가?
• 무서움을 주었던 사람이 있다면 그와 관련된 감정은 무엇인가?
• 무서웠던 상황에서 보호해 주었던 사람은 누구인가?

주제 2. 나의 첫 그림

• 자신이 처음으로 그렸던 그림이나 첫 번째 기억으로 남아 있는 그림 다시 그려
  보기

주제 3. 인상적 그림

• 어릴 적 가장 인상적으로 본 그림에 대해 생각하기
• 인상적 그림에 대해 이야기 나누거나 기억하여 그리기

주제 1. 〈무서움〉

2
비행기 추락과 양 그리기

여섯 살 때 보아뱀을 그렸던 나는 비행사가 된다. 그러던 어느 날 비행기 고장으로 사람들이 사는 곳과 수천 마일 떨어진 사하라 사막에 혼자 불시착한다. 나에게는 일주일 분의 마실 물만 있고, 언제 끝날지 모르는 비행기 수리를 해야 하는 것이 급선무다. 나는 사막에서 생사의 위기와 고립감과 외로운 상황에 부딪히면서 첫날 밤을 보내게 되고, 새벽녘에 누군가 이상하고 낮은 목소리로 말을 거는 것에 놀라 잠을 깬다.

"양 한 마리를 그려 줘……."

"뭐라고?"

"양 한 마리를 그려 줘……."

나는 이상하게 생긴 어린 남자아이와 이렇게 처음 만나게 된다. 이 어린아이가 어디서 어떻게 왔는지 알 수 없지만, 길을 잃었거나 목마름과

배고픔과 두려움을 겪고 있는 것 같지는 않다. 이런 상황, 이런 장소에서 어디에서 왔는지 알 수도 없는 어린아이가 나에게 다짜고짜 양을 그려 달라고 한다. 아이에게 왜 그림을 그려 달라고 하는지 물어보지만, 아이는 똑같은 말만 한다.

"양 한 마리를 그려 줘……."

나는 어릴 적 그림을 포기했던 기억이 떠올라 언짢은 기분이 들면서 그릴 줄 모른다며 거절한다. 그러나 아이가 막무가내로 부탁하자 내가 그릴 수 있는 속이 보이지 않는 보아뱀을 그려 준다. 그러나 아이는 바로 "아니야!"를 연발하며, 배 속에 코끼리가 있는 보아뱀을 원하지 않는다고 말한다. 아이는 보아뱀이 위험하고 코끼리는 자리를 너무 많이 차지한다며 거부한다.

어린아이는 자기가 사는 곳은 모든 것이 아주 작다며 양 한 마리를 그려 달라고 다시 보챈다. 마침내 내가 양을 그리자 어린아이는 주의 깊게 본다. 그러나 이번에는 양이 병들어 죽을 것 같다며 다른 양을 그려 달라고 요구한다. 다시 다른 양을 그리자, 아이는 부드러운 미소를 띠면서 그것은 양이 아닌 뿔 있는 염소라며 또 거부한다. 나는 다시 양을 그린다. 아이는 이번에도 양이 너무 늙어 보여 마음에 들지 않는다며, "나는 오래 살 수 있는 양을 갖고 싶어."라고 요구한다.

세 번이나 양들을 그렸지만 모두 거부당한 나는 인내심의 한계를 느낀다. 그래서 성의 없이 빠르게 상자를 그리고는 원하는 양이 그 상자 안에 있다고 하자 아이는 아주 기뻐한다. 아이는 그제야 "그래, 바로 이것이 내가 원하던 거야."라며 만족해한다.

비행사는 비행기 사고로 사막에서 홀로 밤을 지새우고 새벽녘에 어린 아이의 목소리에 잠을 깬다. 어디서 왔는지 알 수 없는 아이는 잠이 덜 깬 비행사에게 양을 그려 달라고 한다. 비행사는 그림을 못 그린다고 거절했지만, 아이의 계속되는 부탁에 어릴 적 그렸던 보아뱀을 그려 주었으나 아이는 거부한다. 비행사는 다시 양을 그려 주었으나 어린아이는 이유를 대며 세 번이나 자기가 원하는 것을 다시 그려 달라고 한다. 마침내 비행사가 양이 아닌 상자를 그려 주자 아이는 양이 상자 속에 있는 것을 금방 알아본다.

비행사는 이 어린아이 때문에 잊고 있었던 어릴 적 보아뱀을 그린 기억이 되살아나고, 그 아이에게 여러 번 거절당한 후 다시 양이 보이지 않는 상자를 그리게 된 것이다. 이렇게 두 사람은 새벽녘의 사막에서 속이 보이지 않는 그림을 그리고 그것을 보면서 그 속에 무엇이 있는지 이야기를 나눈다. 두 존재가 공통의 경험을 나누는 순간이다.

보이지 않는 것 그리기! 보이지 않는 것 보기!

비행사가 어릴 적 그토록 찾아다니던 공감과 이해의 바람은 어른이 되어 사막에서, 그것도 생사의 갈림길에서 나타난 어린아이를 통해 처음 이루어진다. 어린아이는 보이지 않는 것을 볼 수 있다.

어린아이의 그림 요청과 비행사의 수용 과정은 무서운 경험이나 강렬한 인상을 그림으로 그리는 것, 삶의 위기와 외로운 상황에 그림을 그리는 의미를 암시하고 있다.

사막에서 홀로 겪는 위기 상황은 생존과 직결된다. 그러나 다른 한편으로 그런 위기는 자신의 상황과 문제에 골몰하는 시간이며, 생각지도 못했던 것을 만나는 시작이 될 수도 있다.

비행사가 사막에 불시착한 것은 일어날 수 있는 일이지만, 이 상황은 어쩌면 비행사 자신의 내면에 있던 해결하지 못한 혹은 정체된 상황을 다시 돌아보고자 하는 무의식적 소망과 연결될 수 있다. 사막이라는 공간은 생명을 위협하는 곳이기도 하지만 일상을 벗어나 자신을 찾고자 하는 소망이 발현되는 곳일 수도 있기 때문이다.

비행사가 잠결에 어린아이의 목소리를 듣고 깨어나 그에게 그림을 그려 주는 것은 현실적 생존 전략이 아닌 뜻밖의 행위다. 이는 Kast(1998b)가 말한 것과 같은 맥락으로, 우리는 동화를 통해서 현실의 어려움이나 압박으로부터 도망갈 수 있으며, 동화의 상징들은 '판타지의 영역'이자 상징적 삶의 영역인 '중간적 영역'에 머무르게 한다.

비행사와 어린아이는 사막에서 그림 그리기와 보이지 않는 것에 대해 이야기하면서 만남을 시작한다. 이는 자신의 내면아이와 대화하고 자신과 만날 수 있는 기회다. 비행사는 어려운 상황 속에서 무의식적으로 어릴 때처럼 다시 그림을 그리고 싶어지게 된 것은 아닐까? 어린아이는 비행사의 내면아이의 상징적 존재일 수 있다. 새벽녘에 어른의 잠을 깨우는 어린아이는 비행사 스스로 닫아 버린, 잠자는 어릴 적 정신을 깨우는 목소리일 수 있다. 이는 억압해 두었던 무의식을 깨우는 순간이 될 수 있다. 혹은 잊고 있었던 자신의 잠재력이나 자원을 깨우는 시간이 될 수 있다. 어린아이가 양을 그려 달라고 하고 비행사가 이를 세 번 거부하는 것은 숫자 3의 상징처럼 비행사에게 내적 변화를 일으키고 영혼에 생기를 주려는 상징적 의미일 수 있다.

어린아이는 비행사의 내면의 목소리이며, 이는 자신의 어린 시절, 순수한 영혼의 시절로 돌아갈 수 있는 새로운 시간, 또 다른 시간 여행의 안내자다. 비행사와 어린아이의 만남이 시작된 것은 위기 상황에서다. 위기는 일상적인 것, 습관적인 것을 완전히 바꿀 것을 요구한다. 비행사는 아직 그것을 의식하지 못하지만, 어린아이를 통해서 이미 내면의 목소리를 찾아가고 있다. 어린아이는 비행사의 생존을 위한 동반자가 된다. 의식적이든 무의식적이든 자신이 찾고자 하는 것은 위기 상황에서 전혀 다른 모습으로 나타난다. 동화적 해결, 즉 뜻밖의 해결은 "창의적 해결"(Kast, 1998b)에 이르게 하며, 이것은 비행사 자신이 무의식적으로 찾는 것과 만날 수 있다는 암시를 준다.

사막은 일상과 떨어진 곳으로 위기 상황을 견뎌 내면서 그 위기에 숨겨진 의미를 살펴볼 수 있는 공간이다. 사막은 매력적인 곳이면서도 불안을 불러일으키는 곳으로 거대한 도전의 장소이거나 큰 위협의 장소다(Kast, 1992). 즉, 사막은 우리 삶에서 특별한 순간이 일어나는 공간, 위대한 도전의 공간으로 죽음과 직면하는 상황이면서도 삶을 새롭게 획득하는 공간이라는 것이다. 사막의 성자로 불리는 푸코Foucauld 수사는 사막에 머무르는 시간은 은총이 가득한 시간이며, 사막은 열매를 맺고자 하는 사람이 반드시 지나가야 할 곳이라고 말한다(Carrouges, 1995). 그는 이곳에서 내적 정신이 만들어진다고 말한다.

위기 상황이나 충격적 사건, 슬픔을 겪게 되면 우리는 자신의 삶을 되돌아보게 된다. 어릴 적 기억, 가족, 그동안 만난 사람들, 자신의 일, 사회적 관계 등을 다시 돌아본다. 특히 이러한 상황에서 우리 안의 어린 아이는 다시 우리를 흔들어 깨운다. 위기로 인한 공포와 두려움에 휩싸여 있을 때, 우리는 타인의 부탁이나 요구에 관심을 둘 수가 없다. 어떤 부탁도 들어주기 힘들다. 그러나 연거푸 거절해도 계속해서 부탁하면 어떤가? 우리는 거절에 대해 어떤 생각과 행동 패턴을 가지고 있는가? 거절을 잘하는 편인가? 거절하면 어떤 감정이 따르는가? 거절하는 데 어려움을 겪지는 않는가? 누구에게도 거절을 해 본 적이 없으면서도 그것 때문에 갈등을 하지 않는가? 거절을 잘 못한다면 그 이유는 무엇일까?

거꾸로 거부나 거절을 당한 적이 있을 것이다. 말이나 행동으로의 거부나 무언의 거절을 받을 때는 어떤 감정이 드는가? 거부나 거절에 대한 오랜 기억은 어떤 것인가?

어린왕자와 비행사가 처음 만난 시기는 내담자가 미술치료사를 찾아오는 상황이나 미술치료를 시작하는 시점과 비슷하다. 내담자는 자기 내면의 소리를 이미 듣고 있을 수 있다. 혹은 너무 많은 마음의 소리로 인하여 삶에 균형을 잡기 어려운 상황에 처해 있을 수도 있다.

내담자는 미술치료 초기에 곧바로 그림을 그리기도 하지만, 주저하거나 거부하는 경우도 많다.

"그림을 못 그려요." "어떻게 그리지…… 생각이 안 나요." "내가 생각하는 것을 대신 그려 주세요." "그것은 그리고 싶지 않아요." "싫어요." "몰라요."

혹은 그림을 그린 후에도 "내가 그리려고 했던 그림은 이게 아니었어……"라며 불만을 표현하거나 덧칠을 하여 지워 버리거나 찢어 버리고 싶어 하는 경우도 있다.

이 시기에는 보이지 않는 마음을 그리는 것에 대한 부탁과 거부 등의 어려운 상황이 전개될 수 있다. 또한 내담자와 미술치료사 사이에 신뢰가 쌓이지 않아 믿음과 불신이 반복되기도 한다. 신뢰가 구축되는 과정에서 두 존재가 보여 주는 거부와 고집 부리기, 요청과 언짢은 감정, 눈치 보기, 만족하는 상황 등이 뒤섞여 일어나게 된다.

이 단계에서는 질문과 대답이 포괄적이고 피상적인 것 같아도, 어느 때보다 치료사와 내담자 모두가 신경을 곤두세우고 상대방의 존재를 탐색한다. 내담자의 전이, 치료사의 역전이가 시작되는 시기이기도 하다. 그중에 '거부'는 미술치료에서 그림이나 관계에 자주 나타나는 투사, 전이, 역전이와 관련된다.

내담자는 치료 초기에 그동안 해결하지 못하고 억압되어 있던 기억들을 저항이나 거부 등의 형태로 치료사에게 투사한다. 이때 치료사는 그러한 투사를 잘 파악하여야 한다. 그러나 때로는 치료사 자신이 해결하지 못한 무의식적 갈등이나 억압된 내용을 내담자에게 다시 투사하는 심리적 역전이가 나타날 수 있다.

Dannecker(2006)는 미술치료사의 역전이를 심리적 내용과 예술적 내용으로 나누어 설명한다. 미술치료사는 자신이 선호하는 미술 매체, 기법, 활동 방식을 가질 수 있다. 치료사의 이러한 선호와 태도는 때에 따라서 내담자의 욕구, 상황에 근거한 치료, 즉 내담자 중심의 치료가 아닌 치료사 중심의 치료로 이끌어 갈 위험이 있다. 이런 상황에서는 치료사가 기피하는 매체나 기법 등을 내담자에게 제안하지 않을 수도 있다. 이 경우 내담자가 만들어 낸 작품은 치료사의 '거짓 자아' 결과물이 될 수 있다. Dannecker는 이러한 상황이 극단적일 때, 그것은 내담자의 작품이 아닌 치료사의 작품으로 내담자의 노력에 의해 얻은 치료사의 '자기애 만족'이라고 말한다.

반면에 치료사가 기피하거나 싫어하는 매체, 기법 등을 내담자가 사용할 때, 치료사는 무의식적으로 내담자를 기피하는 경향이 있다. 이런 상황이 되면 내담자는 자기 문제에 다가가기 어렵고 치료사에게나 자기 작품에 실망할 수도 있다. 치료사는 자신의 문제를 극복하지 못함으로써 내담자의 활동에 주의를 적게 기울이거나 심하게는 작품에 대해 공격적이 되기도 한다.

치료사가 해결하지 못한 자신의 문제들은 내담자와 좋은 관계, 진실한 관계를 맺는 데 방해가 된다. 또한 이러한 문제들은 내담자 개인의 내적 · 외적 삶을 탐색하고 그것을 표현할 수 있는 자기 고유의 미술 형태와 내용을 발견하는 데 걸림돌이 된다. 어린아이가 양을 그려 달라고 했을 때, 비행사가 속이 보이지 않는 보아뱀을 그린 것과 비슷한 상황일 수 있다. 양을 그리는 것이 싫다기보다는 그림을 그려 달라는 것, 그림이라는 것 자체에 당혹스러워질 수 있다. 어린 시절 그림과 관련된 상처가 있는 비행사에게 어린아이의 부탁은 피하고 싶은 기억에 대한 비행사의 무의식적 반응일 수 있다. 비행사는 어린아이의 요청에 대해 툴툴거리며 거부하다가, 결국 어릴 적 그린 보아뱀을 그려 주었으나 거부당하고 또 다시 누구나 알 수 있는 양을 그려 주었으나 여러 번 퇴짜를 맞는다. 그러다가 아무렇게나 그린 것이 양이 보이지 않는 상자다. 동화 속 어린아이는 비행사 내면의 어린아이일 수 있는데, 그 내면아이가 비행사에게 자기투사적 전이 양상을 보인다. 이는 비행사가 요구하고 거부하는 어린아이에게 역전이를 보이는 상황이기도 하다.

Jung에게 전이는 내담자가 자신이 경험한 인물들과의 관계를 치료사에게 투사하는 것뿐만 아니라, '내담자 개인의 잠재력과 그림자까지'도 포함하는 것이다(Samuels, Shorter, & Plaut, 2000). 치료사는 '온전히 발달하지 못한 내담자의 정신 일부를 표현해 주고, 그가 부인할지도 모르는 인격의 양상'을 보여 준다. 또한 역전이를 통해서 "치료사는 내담자와의 관계에서 내담자를 이해하고 돕기 위해서 자신의 무의식에 의존하고, 자신을 '상처받은 치료자'로 만든 어떤 것과 만나게 된다는 사실을 반영한다."

한편 Jung은 "(분석자) 당신이 영향을 받기가 쉽지 않다면 어떠한 영향력을 발휘할 수도 없다. (중략) 내담자는 (분석자에게) 무의식적으로 영향을 준다. (중략) 이것은 전이에 의해 야기되는 역전이다."(Samuels, Shorter, & Plaut, 2000)라고 말한다. 이에 따르면 치료 상황에서 나타나는 치료사의 역전이는 분석자에게 '정보의 가장 중요한 기관'으로 간주될 수 있다.

주제 1. 부탁과 거절 그리고 수용

① 파트너 A와 B의 역할

- 각자 16절 켄트지 4장과 색연필/크레파스 준비
- A는 B에게 자신이 원하는 어떤 그림을 그려 달라고 부탁(예: 꽃, 사과, 토끼 등)
- B는 A의 부탁대로 그려 줌(첫 번째 그림)
- A는 이유를 대며 원하는 그림이 아니라고 거부하며 다시 그려 달라고 요구
- B는 다시 그려 줌(두 번째 그림)
- A는 이번에도 거부하며, 다시 그려 달라고 요구
- B는 다시 그려 주나 A는 다시 거부(세 번째 그림)
- 이번에 B는 A의 요구와 전혀 다른 그림을 그려 주며 그림 안에 원했던 것이 있다고 말함(네 번째 그림)
- A는 그것을 보고 바로 자신이 원하던 것이라며 매우 만족

② 역할 바꾸기

- A와 B는 역할을 바꾸어 ①과 동일한 활동 하기

③ 이야기 나누기

- 각자 파트너가 그려 준 그림 네 장을 가짐
- 서로의 그림을 보며 거절과 수용 과정의 경험에 대해 이야기 나누기

- 계속 거절당할 때 기분은 어땠는가?
- 마음에 들면서도 거절한 상황이 있었는가? 왜 그랬는가?
- 마음에 들지 않아 거절할 때 기분은 어땠는가?
- 그림을 그릴 때 상대방의 요구에 집중하였는가?
- 거절에 대해 나의 감정, 기억들이 투사되었는가?
- 거절하는 나의 목소리는 어땠는가?
- 요구하는 나의 목소리와 태도는 어땠는가?
- 원하는 것이 보이지 않은 그림을 받았을 때는 어떤 느낌이었는가?
- 내가 원한 것과 전혀 다른 것을 받았던 기억이 있는가? 그렇게 받은 것은 인생에 어떤 영향을 끼쳤는가?
- 원하지 않던 것을 받고 나중에 "아! 이런 것이구나."라는 경험을 한 적이 있는가?

주제 2. 위기

- 살면서 위기였던 때는 언제였는가? 혹시 지금인가?
- 위기 상황을 떠올리며 이미지로 그리기

대 화

- 위기 상황을 겪은 적이 있는가?
- 위기는 어떤 것이었나?
- 위기 상황에서 기억나는 사람은 누구인가?
- 위기가 현재 자신의 삶에 어떤 영향을 끼치는가?
- 위기 상황에서 전혀 다른 것에 몰두하게 된 경험이 있는가?

:: 주제1. 〈부탁과 거절 그리고 수용〉

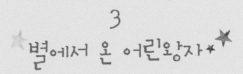

3
별에서 온 어린왕자

어린아이가 어디서 왔는지 이해하는 데 시간이 많이 걸렸다. 나는 양 그림으로 어린아이와 이야기를 하면서 서서히 그에 대해 알게 된다. 처음에는 아이가 많은 것을 물어보면서도 내 질문에는 전혀 귀 기울이지 않는 것 같았다. 그러나 아이가 나에게 "어느 별에서 왔어?"라고 물었고, 나는 아이가 아주 작은 별에서 온 어린왕자라는 것을 알게 된다. 이때 아이의 존재를 이해하는 빛을 얻는다.

"아저씨는 어디에서 왔어? 고향은 어디야?"

어린왕자는 계속해서 물어보았으나, 비행사로서 나의 자부심이나 대화 중의 언짢은 마음, 싫은 마음 등에는 관심이 없다. 그러다 내가 그를 이해하기 시작한다는 것을 느낀 후에야 어린왕자는 비로소 내가 그려준 그림을 유심히 본다. 어린왕자는 양에 대해 이야기를 하며 자기가 사는 곳은 아주 작은 곳이어서 양을 묶어 둘 필요가 없다고 말한다.

어린왕자는 처음에 자기 질문만 하고 비행사의 질문은 듣지 않은 듯 행동한다. 비행사는 어린왕자가 사막에 불시착한 자신의 상황과 불행을 진지하게 여기지 않아 언짢아져서 그가 웃는 것에도 화가 난다. 그러나 그는 어린왕자가 자신에게 어디서 왔는지, 고향이 어디인지 물으며 관심을 보이자 마음이 누그러지고 어린왕자도 다른 별에서 왔다는 것을 직감한다. 둘은 서로에게 관심을 보이며 자신들의 이야기를 나누기 시작한다.

우리는 힘들 때 누군가가 자신의 상황이나 자신의 말에 귀 기울여 주길 바란다. 특히 가까운 사람이 힘든 상황을 진지하게 여겨 주지 않고 귀 기울여 주지 않을 때 서운하고 때로는 화도 난다. 그러다가도 누군가가 자신의 형편을 궁금해하고 귀 기울여 주는 태도를 보이면 자연스럽게 마음을 열게 된다. 관계란 어려울 때 더욱 그 진정성이 드러난다.

이 시기는 미술치료 초기와 비슷하여 내담자와 치료사의 신뢰가 조금씩 쌓이지만 아직은 불안정한 시기라고 할 수 있다. 미술치료사는 내담자의 말과 행동에 주의를 기울이다가 어느 순간 내담자를 이해하기 시작하는 실마리를 잡기도 한다. 내담자는 이런 치료사의 모습을 민감하게 알아차릴 수 있으며, 이런 모습을 통해 조금씩 긴장을 푼다. 이런 상황이 되면 내담자는 미술치료사에게 관심을 보이기 시작하며 신뢰의 끈을 잡으려 한다.

주제 1. 귀 기울여 준 존재
• 자신의 말에 귀 기울여 준 존재(가족, 친구, 동물, 꽃, 장난감 등) 그리기/만들기

주제 2. 경청의 대상
• 내 말에 귀 기울여 주길 바라는 대상이나 힘이 되어 주길 바라는 대상은 누구인가?
• 이미지 그리기

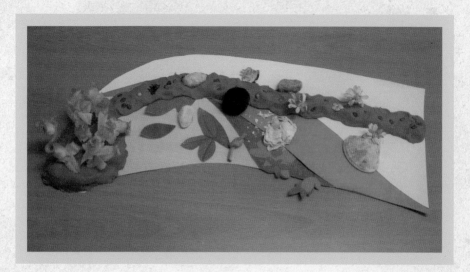

: 주제 1. 〈귀 기울여 준 존재〉

4
어린왕자의 별

나는 어린왕자의 별이 집 한 채 크기의 소혹성 B612호라는 것을 믿는다. 어른들은 숫자와 외양을 보고 믿는 데 익숙하다. 그러나 나는 어린왕자에 대한 추억을 쓰면서 숫자가 인생을 이해하는 데 큰 도움이 안 된다는 것을 알게 된다. 예를 들어, 국제천문학회 학자들은 터키 전통 옷을 입은 천문학자가 어린왕자의 별 소혹성 B612호의 존재를 발표하자 이를 믿지 않는다. 그러나 11년 후 그가 서양식 옷을 입고 똑같은 내용을 발표할 때에는 모두가 믿는다.

어른들은 숫자를 좋아하지만 새로 사귄 친구의 목소리나 좋아하는 것이나 취미 같은 것에는 관심이 없다. 어떤 집에 대해서 이야기할 때, 창턱에 제라늄 화분이 있고 지붕에 비둘기가 앉아 있는 분홍빛 벽돌집이라고 하면 어른들은 상상을 하지 못한다.

어린왕자와 헤어지고 6년 후 나는 그를 잊지 않기 위해 그와의 추억에 대해 글을 쓰기로 마음먹는다. 그리고 물감과 연필을 구입해 다시 그림을 그리기 시작한다. 그러면서 보이지 않는 것을 볼 줄 모르는 나도 어른이며 나이가 들어 간다는 것을 느낀다.

어린왕자의 별 이름은 B612호다. 비행사는 그것을 믿게 된다. 어른들은 어린아이의 말을 이해하지 못하며, 어떤 것에 대해 이미지로 묘사하기보다 숫자로 제시해야 빠르게 알아차린다. 즉, 그 집 아버지의 수입이나 집의 크기, 집값 등을 말해 줘야만 이해한다.

비행사는 친구가 된 어린왕자와 헤어진 후에 그를 추억하는 글을 쓰고 그림을 그리면서 자신의 내면을 돌아보게 된다. 어린왕자와의 만남, 눈에 보이지 않는 것에 대한 대화, 깨달음 등을 글로 쓰고 그림으로 그리면서 자신과 다시 만나게 된다. 추억을 반추하면서 자신의 존재와 관계에 대해 다시 음미한다.

어릴 적 자신의 집과 고향의 풍경을 떠올려 보자. 어떤 곳이며 어떤 색, 어떤 꽃, 나무, 동물, 새 등이 있었는가? 바다, 강, 샘, 산, 들판, 고층

건물 등이 있었는가? 어릴 적 인상적으로 보았던 어떤 집의 모습이 기억날 수도 있을 것이다.

어릴 적 밤하늘의 별을 바라보며 별 세계에 대해 궁금해하면서 나의 별이 있다면 어떨지 상상해 본 적이 있을 것이다. 만약 나의 별이 있다면 어떤 형태, 어떤 색, 어떤 빛, 어떤 자원 등이 있을까? 나의 별에 어떤 이름을 붙여 주고 싶은가?

이 장은 미술치료사가 미술치료 회기 후에 미술치료 과정을 서술하고 소견을 쓰는 과정과 비슷하다. 미술치료사는 치료 과정에서 무엇을 보았는지, 내담자에 대해 무엇을 써야 할지 심사숙고한다. 객관성을 유지하면서 치료사의 직관과 판단도 동시에 기록한다. 또한 이러한 과정을 서술한 후에 치료사의 회기와 내담자에 대한 느낌을 자신의 일기처럼 쓸 수도 있다.

주제 1. 인상 깊은 존재
• 어릴 때 인상 깊었던 사람, 혹은 풍경, 집 그리기

주제 2. 어린왕자 별
• 소혹성에 서 있는 어린왕자 그리기 혹은 어린왕자 별 상상하여 그리기

⁞ 주제 2. 〈어린왕자 별〉

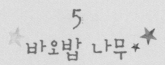

5
바오밥 나무

나는 어린왕자와 이야기를 하면서 어린왕자의 별에 대해서, 그리고 어린왕자가 자기 별을 떠나 이곳에 온 이유와 그의 여행에 대해서 조금씩 알아 간다. 그중에서 어린왕자의 별에 있는 바오밥 나무 이야기, 바오밥 나무와 양의 중요한 관계에 대해서도 알게 된다.

바오밥 나무와 장미가 씨앗일 때는 둘의 차이를 구별할 수 없다. 그들은 땅속 깊은 곳에서 잠들었다가 깨어나면서 아름답고도 연약한 싹을 내밀며 모습을 보인다. 바오밥 나무 씨앗은 어린왕자의 별에 많이 있고 자라는 속도도 매우 빨라 금방 무성하게 된다. 나중에는 뿌리가 땅을 뚫고 나온다. 그렇게 두면 아주 작은 어린왕자의 별은 산산조각이 나 버린다. 바오밥 나무를 늦게 발견하면 처치할 수 없을 정도로 해를 끼친다. 바오밥 나무를 어릴 때 뽑아 주어야 하는 이유는 '질서의 문제'

때문이다. 어린왕자는 어떤 게으름뱅이가 자신의 별에서 어린 바오밥 나무 세 그루를 돌보지 않고 내버려 두었다가 재난을 겪은 사례를 들려준다.

어린왕자는 바오밥 나무에 대한 이야기를 한 후, 나에게 지구별에 사는 어린이들이 여행할 때 도움이 되도록 바오밥 나무를 그려 보라고 제안한다. 나는 어린이들이 여행에서 길을 잃고 어려움을 겪게 될 것을 막기 위하여 절실한 심정으로 열심히 그린다. 어린이들이 나처럼 아무것도 모른 채 오랫동안 위험한 상태에 빠져 있을 수 있기 때문에 주의를 주기 위해 그림을 그려 말한다.

"어린이들이여! 바오밥 나무를 조심하라!"

이 장에는 세 장의 그림이 있다. 첫 번째 그림은 바오밥 나무가 너무 커서 여러 마리의 코끼리도 다 먹을 수 없다는 것을 알리기 위해 코끼리 무리를 포개 놓은 그림이다. 두 번째 그림은 어린왕자가 바오밥 나무의 씨앗을 없애기 위해 땅을 파고 있는 모습이다. 세 번째는 비행사가 어린왕자의 제안으로 정성 들여 그린 바오밥 나무들이다. 세 그루의 바오밥 나무는 뿌리가 하나로 엉켜 붙어 있으며, 거대한 바오밥 나무 뿌리 위에는 비행사 혹은 어떤 사람이 도끼를 들고 서 있다.

어린왕자는 자신의 별에 대해 이야기한다. 어린왕자의 별에도 좋은 풀과 나쁜 풀이 있으며 그에 따른 좋은 씨와 나쁜 씨가 존재한다. 그러나 씨앗들은 보이지 않다가 갑자기 대지에 솟아올라 구별이 잘 안 되기 때문에 싹일 때부터 잘 살펴보고 보살펴야 한다. 무서운 바오밥 나무 씨앗은 장미 씨앗과 구별되지 않기 때문에 어린 싹일 때 뽑아 버려야 한다.

바오밥 나무 이야기에는 1장에서 뱀에게 잡아먹힌 코끼리가 다시 나온다. 1장에서 코끼리는 엄청 큰 동물이지만 보아뱀에게 통째로 잡아먹혔다. 어린왕자는 코끼리 무리가 와도 바오밥 나무를 다 먹지 못한다는 이야기를 한다. 한때는 작았지만 엄청난 속도로 자라는 바오밥 나무는 많은 코끼리들이 먹어도 다 먹어치우지 못할 만큼 거대하다. 이것은 우리 안의 부정적인 면도 보이지는 않지만 엄청난 속도로 거대하게 자랄 수 있다는 것과 상징적 연계성을 지닌다. 이러한 것을 경험으로 알고 있는 어린왕자는 어린 바오밥 나무를 규칙적으로 뽑아 준다. 귀찮은 일이지만 어렵지 않은 일이라고 어린왕자는 말한다.

바오밥 나무처럼 우리에게 나쁜 영향을 주며 그림자가 될 수 있는 싹을 어릴 적부터 뽑아 주는 것은 규칙과 질서의 문제다. 만약 우리가 내면에 자라나는 나쁜 싹들을 규칙적으로 잘 돌보지 않으면, 그것은 아주 빠르고 무성하게 자라 우리의 존재 전체를 파괴할 수 있다. 그래서 비행사는 어린이들이 자기처럼 아무것도 모른 채 위험에 빠지지 않기를 바라는 절실한 마음으로 바오밥 나무를 그린다.

우리 내면에 우리 자신도 의식하지 못한, 무성하게 자라난 바오밥 나무는 어떤 것인가? 우리 내면의 어두운 힘이 자신의 일상생활과 사람들과의 관계를 위협하는 것을 의식하는가? 비행사가 바오밥 나무를 그리듯 열성을 다해 나의 내면 모습을 그려 본 적이 있는가? 나의 내면과 무의식에 부딪혀 본 적이 있는가?

대지는 바오밥 나무든 장미든 모든 것을 품는다. 대지는 그것이 자라서 해가 될지 그렇지 않을지를 묻지 않는다. 대지는 모든 존재를 품으며 그 안에서 생명을 보호하고 잉태하고 자라게 하며 죽음도 받아들이고 다시 새 생명을 내보낸다. 대지는 어둠과 밝음, 차가움과 뜨거움이 있으며, 생명을 밀어올리기도 하고 끌어내리기도 한다. 대지는 움직이지 않지만 내면은 언제나 소리 없이 움직이며 역동적이다.

우리의 내면세계도 대지처럼 양면을 품고 있다. 이성과 감정, 현재와 과거, 빛과 그림자, 밝음과 어둠, 선과 악, 남성성과 여성성, 양과 음, 능동성과 수동성, 기쁨과 슬픔, 열정과 냉정 등 두 개의 서로 다른 존재가 상호 의존하거나 긴장 관계를 갖는다.

우리 내면의 씨앗이 싹을 틔우고 나서 현실에서 보살핌을 잘 받지 못하여 잘 자라지 못하거나 수용되지 못하고 억눌려 있으면 문제가 생긴다. 그런 싹들은 무의식에서 부정적인 면으로 남게 된다. 그것들은 자라서 타인에게 투사되어 저항적이고 공격적이 되거나 죄책감이나 위축감, 우울감 등으로 뿌리를 내릴 수 있다. 잘 보살펴 주지 않은 싹들은 보이지 않는 내면에서 무성하게 자라 나중에는 우리 존재 전체를 흔들 수 있다.

3은 중요한 상징을 지닌 수다(Becker, 1998). 3은 변화와 새로운 창조를 위한 수이자 신성의 수다. 3은 과거 · 현재 · 미래, 어린이 · 어른 · 노인, 탄생 · 성장 · 죽음을 상징한다. 3은 동화에 자주 등장하는 숫자로서 현재의 고난과 시련의 과정을 겪으며 이를 해결해 나가는 수수께끼의 숫자다.

『어린왕자』에서는 3이 자주 등장한다. 비행사가 양을 그렸을 때, 어린왕자는 세 번이나 거부했고 그것으로 그들의 관계가 시작된다. 바오밥 나무도 세 그루가 반복하여 등장한다. 게으름뱅이는 세 그루가 자라는 의미를 의식하지 못하였거나 살펴보지 않았기 때문에 재난을 당하게 된다.

그러나 비행사가 그린 세 그루의 거대한 바오밥 나무를 조심하여 잘 살핀다면 실망과 고통, 시련을 극복하고 새로운 차원의 창조가 이루어진다는 것을 나타내는 의미가 아닐까? 거대한 세 그루의 바오밥 나무 위에 서서 도끼를 들고 머리에 손을 갖다 댄 사람의 모습은 우리에게 주어진 시험과 그것을 극복하려는 의지를 나타내는 것처럼 보인다. 우리 내부에서 거대한 힘으로 자라는 그림자, 해결하지 못한 콤플렉스를 대면하려는 것은 아닐까? 이러한 것을 알고 있는 어린왕자는 지혜로운 우리의 내면이다.

바오밥 나무 보살피기와 바오밥 나무 그리기는 우리의 내면에 억압되거나 표현되지 못한 갈등, 상처, 고통, 그림자를 돌보지 않으면 그것이 얼마나 무섭게 우리 존재 자체를 파괴할 수 있는지를 전해 준다. 이미 무성해진 나무를 자르는 것은 어렵다. 따라서 그것을 예방하기 위하여 규칙적으로 자르기를 해야 한다. 바오밥 나무 이야기는 내면의 고통과 억압의 문제들이 잘 순환될 수 있도록, 질서 있게 성장하도록 예방해야 함을 알려 준다. 그것은 개인, 자연, 우주의 질서와 연결된다. 규칙적으로 내 마음의 풍경, 내면 모습, 그림자를 그려 보는 것은 자아에 대한 질서, 성숙 그리고 통합을 위한 과제다.

미술치료에서 그림 그리기는 외적, 내적으로 길을 잃고 있는 내담자나 길을 찾으려는 내담자를 위한 정신적 지도다. 미술치료에서 그림을 그리는 것은 자신 안에 있는 갈등이나 위험한 것을 그리고, 무성해져서 존재를 위협하는 그림자를 자르는 행위다. 그것은 성장의 욕구를 지닌 우리 안의 건강한 싹과 뿌리를 잘 자라게 하기 위하여 필수불가결한 과정이다. 나무가 잘 자라도록 봄이 시작되기 전에 가지치기를 하는 것과 같다. 내 안의 가지치기와 이른 봄에 나뭇가지를 치는 일은 자연의 질서다.

치료 과정에서 내담자들이 겪는 문제를 어릴 적 혹은 치료 초기부터 보살피지 않으면, 나중에 더욱 복잡해지고 심각해지는 경우가 많다. 이러한 문제들은 무의식에서 오랫동안 자라고 있다가 어려운 상황에 부딪히면 의식의 수면 위로 떠오른다. 자신에게 이해가 되지 않을 때, 혹은 이해가 된다고 해도 어떻게 다뤄야 할지 혼란스러울 때는 치료사의 도움을 받아야 한다.

미술치료 과정은 지속적인 그리기와 조형 활동을 통해 갈등의 원인이나 무의식의 문제를 의식하게 하여 나쁜 씨앗, 즉 자기 존재를 산산조각 낼 수 있는 바오밥 나무를 골라 내어 제거하는 과정이다. 치료 과정에서 내담자 내면의 바오밥 나무를 뽑아 버리는 시도를 통해서 그것이 단지 파괴적이고 나쁜 것만이 아니라 또 다른 의미를 준다는 것을 깨닫게 된다.

아프리카에서 바오밥 나무는 '신의 축복을 받은 나무'라고 한다. 거대한 바오밥 나무는 건조기를 대비하기 위한 물 저장소나 은신처가 되기도 한다. 바오밥 나무 꼭대기에 올라가면 높은 산에 오른 것처럼 아래 경치를 한눈에 볼 수도 있다. 미술치료 과정에서 나쁘게 자란 나뭇가지를 잘라 낸 후에 비로소 내담자의 자아는 소망, 꿈, 희망 등의 열매를 맺는 한 그루의 나무로 성장한다. Jung은 자아의 그림자를 만나는 것을 정신의 내면을 보기 시작하는, 새로운 차원을 발견하는 '개성화의 시작'이라고 한다.

미술치료에서 그림 그리기는 나쁜 싹을 주의 깊게 들여다보고 그것이 더 커지기 전에 뽑아 버리는 것이며 동시에 좋은 싹은 돌보아 주는 것이기도 하다.

주제 1. 나의 바오밥 나무

① 나의 바오밥 나무 그리기/만들기

- 치료사가 동화 5장의 바오밥 나무에 대한 이야기 들려 주기 혹은 참가자들이
  돌아가며 읽고 듣기
- 자신의 단점, 그림자, 약점, 억눌린 감정, 힘든 기억, 상처, 관계의 문제 등을 바
  오밥 나무로 형상화하기

② 동화 쓰기

- 완성된 '나의 바오밥 나무' 이미지나 입체 작품을 보며 동화 쓰기
- 동화 쓰기 규칙 제안
  - 첫 문장 "옛날 옛날에 OOO(자신이 만든 이름이 있으면 사용 가능) 바오밥 나
    무가 살았습니다."로 시작
  - 중간에는 자신의 단점, 갈등, 난관, 관계의 문제 등에 대한 이야기를 동화적
    상상을 가미하여 묘사
  - 동화 내용에 자신(바오밥 나무)이 주인공이거나 이야기 속 한 인물이 되도록
    쓰기
  - 이야기는 동물이나 식물로 의인화도 가능
  - 마지막은 갈등을 극복하여 행복한 결말로 마무리 짓기
  - 제목 정하기: 자유 제목 혹은 '나의 바오밥 나무'
  - 동화를 쓴 후에는 표지를 만들어 작은 책으로 제작할 수 있음

③ 동화 낭독과 감상

- 동화를 완성 후에는 둘러앉아 각자 그림 보여 주며 자신이 쓴 동화 낭독
- 낭독한 후 바오밥 나무를 그리거나 만들면서 든 느낌, 동화를 쓰게 된 과정 등
  에 대하여 이야기 나누기

〈나의 바오밥 나무 이야기〉*

주제 1. 〈나의 바오밥 나무〉

옛날 옛날 아주 먼 옛날에 세 개의 머리를 가진 이상한 바오밥 나무가 살고 있
었습니다. 세 개의 머리가 어찌나 이상하고 우스운지 사람들은 그 나무를 도깨비
나무라고도 불렀지요. 나무 자체는 자그마한데 그 세 개의 머리는 균형을 잃고
두드러지게 커져 버렸지요. 마치 나무의 양분을 다 빨아먹는 괴물 같았어요.

사람들은 호기심으로 나무에 다가갔다가 점차 그 나무에서 뿜어져 나오는 이상

*'어린왕자 미술치료 워크숍'에 참여한 미술치료사의 그림과 동화임.

한 열기가 힘들어 떠나 버리곤 했어요. 나무는 외로웠어요. 마음을 나눌 친구가 그리웠어요. 그래서 나무는 사람들이 자신에게 다가오도록 자신의 맛있고 달콤한 열매를 마구 선물했어요. 나무는 여러 가지 맛을 내는 열매를 많이 가지고 있었어요. 그래서 다른 나무들은 그 나무를 질투하기도 했지요. 다른 이들은 그가 선물을 잘하는 것을 알고 필요할 때 와서 열매를 마구 따 가고, 가져가면서도 고맙다는 인사는커녕 당연한 것으로 여겼지요. 어느 날 나무는 그들을 향해 "내 열매만 따 가지 말고 나를 좀 쳐다봐 줄래? 내 안에는 열매보다 더 달콤한 무엇인가가 있어."라고 말하고 싶었으나, 자존심이 강해서 입 밖으로 그 말을 내뱉을 수가 없었어요. 나무는 점점 더 외롭고 슬펐어요.

달빛이 흐르는 조용한 밤에 나무는 빗물이 고인 웅덩이에 비친 자신의 참모습을 보았지요. 처음엔 그 나무가 자신이란 걸 몰랐어요. "저렇게 이상하고 못생긴 나무가 우리 동네에 있었나? 저 세 개의 머리 좀 봐, 정말 괴상하네!" 그러다가 나무는 그 나무가 바로 자기 자신임을 깨닫게 되었지요. 처음엔 몹시 불쾌하고 실망스러워 인정하고 싶지 않았지만 혹시 다른 이들이 자신을 떠나는 이유가 그 머리 모양에 있지 않을까 하고 생각했어요.

그래서 그 머리 모양을 찬찬히 살펴보기 시작했어요. 그 머리들을 살펴보는 데는 큰 용기가 필요했어요. 그러나 나무는 정말이지 이제는 어떤 변화가 필요함을 직감했어요. 나무의 세 개의 머리는 이렇답니다.

첫 번째 동글동글한 잎사귀가 달린 노랗고 빛나는 머리는 자신을 과시하고 싶은 표정을 짓고 있고, 그 나무에 가장 맛있는 열매가 열리지만 그 생각 속에는 누군가의 인정을 받고 싶은 마음이 숨어 있지요. 누군가에게 자기 열매를 주면 자신을 인정해 줄 것이며 "너는 멋진 나무구나, 대단해, 놀라워." 하는 칭찬을 듣고 싶은 거였지요.

다음으로 두 번째 커다란 머리는 빗질을 안 해서 헝클어진 채 뒤죽박죽이었지요. 이 머리는 정리정돈을 모르는 무질서와 방임, 그리고 충동성마저 가지고 있고, 매우 욕심 많고, 관심이 없는 것에는 게으르지만 관심이 있는 것이라면 불 속에라도 뛰어드는 열정을 보이지요. 이상하게도 이 머리에서는 샘솟는 창의력이 나온답니다. 그래서 나무를 더욱 괴상하게 보이도록 하는 원인 제공을 하지요. 빗질을 곱게 하고 정리를 하면 창조의 샘이 막혀 버릴 것 같은 느낌이 든다나요. 아무튼 나무는 이 머리를 제일 창피스러워 한답니다.

세 번째 머리는 좀 으스스하고 가시가 돋친 회색을 띠고 있고 검은 선글라스를 끼고 있어요. 그 머리는 다른 이들을 만나면 늘 그 사람의 부정적인 모습을 찾아내곤 하며, 삐죽하게 나온 주둥이로는 늘 불평을 쏟아 놓는 투덜이랍니다.

이 세 개의 머리가 나무의 영양을 빨아먹고 점점 커져서 나무의 균형을 잃게 하고 쓰러질 지경에 이르게 된 것을 깨닫게 된 것이지요. 나무는 큰 결심을 했습니다. 이대로는 아니라는 것을, 무엇인가 변화를 시도해야 한다는 것을 심각하게 보게 된 거죠.

나무는 자신의 내면을 들여다보기 시작했어요. 이렇게 되어 버린 원인을 찾고 싶었어요. 계속 노력을 한 끝에 나무는 그 원인을 찾아냈어요. 그 원인은 한 뿌리에 있었지요. 자기 사랑이 부족한 것이었어요. 나무는 자신이 계속 외부에서 원인을 찾으려고 했었다는 걸 알게 되었어요. 나무는 자신에게 이렇게 말해 주었지요.

"미안하다, 내가 너를 사랑하지 않아서. 난 네가 나인 것이 좋아. 이제부터 나 아닌 다른 것이 되라고 하지 않을게. 너를 소중하게 여길게. 너와 함께하며 너를 지켜줄게. 그동안 얼마나 외로웠니? 얼마나 힘들었니? 너를 사랑해."

나무는 어느새 울고 있었어요. 그리고 시간이 흐르면서 나무는 점점 균형을 잡아 갔어요. 세 개의 머리도 어느새 차분하게 멋있는 왕관같이 되었지요. 그리고 다른 이들도 하나둘 나무 곁으로 다가와서 진실한 마음을 나누고 갔어요. 나무는 새 안경 하나를 마련했지요. 그건 검은색 안경이 아닌 무지개색 안경이었어요. 다른 이들을 만날 때 나무는 그 사람만이 가진 고유한 색을 보게 되었지요. 그 안경 덕분에 모든 것이 아름답게 보였답니다. 어느새 그 나무의 이름을 사람들은 무지개나무라고 불렀어요. 사실은 원래부터 그 나무는 무지개나무였어요. 나무는 자기 자신을 찾게 된 것이지요. 그래서 나무는 아주 행복했답니다. 영원히…….

6
노을

나는 어린왕자와 이야기를 나눈 후 그가 쓸쓸하게 살았다는 것을 알게 된다. 그와 만난 나흘째 아침에 나는 황혼녘의 노을을 보는 것이 오랫동안 어린왕자의 유일한 기쁨이었다는 것도 알았다. 어린왕자는 아침에 해가 지는 것을 보러 가자고 한다. 해가 지려면 기다려야 한다고 하니 어린왕자는 웃으며 자신이 아직도 자기 별에 있는 줄 알았다고 말한다. 어린왕자의 별은 아주 작아서 그가 노을을 보고 싶으면 의자를 몇 발짝 뒤로 밀어 놓기만 하면 되기 때문이다.

어린왕자는 하루에 마흔세 번이나 해가 지는 것을 본 적이 있다. 어린왕자는 아주 슬플 때면 저녁 노을을 보고 싶다고 말한다. 이 말을 들은 나는 "마흔세 번이나 노을을 본 날은 아주 슬펐니?"라고 묻는다.

어린왕자는 비행사와 가까워지면서 자신이 좋아하는 것이나 슬픈 감정과 그런 상황에 처했을 때 무엇을 하는지에 대해서 이야기한다. 어린왕자는 슬플 때 마흔세 번이나 노을을 보면서 위로받았기에 노을을 보는 것이 그의 큰 기쁨이다. 비행사는 어린왕자가 노을을 많이 본 날이 그에게는 슬픈 날이었다는 것을 이해한다.

우리는 슬플 때 어떻게 하는가? 자신의 슬픔을 위로해 주고 공감해 주는 것은 무엇인가 혹은 누구인가? 내가 발견한 나만의 위로, 쓸쓸함과 슬픔을 위로할 수 있는 것은 어떤 것인가?

노을은 우리에게 무엇을 말해 주며 무엇을 느끼게 하는가? 노을이 자신이 처한 상황을 위로해 주는 것 같아 어두워질 때까지 노을을 바라본 적이 있을 것이다. 혹은 저녁노을이 기다림, 외로움, 적막감을 더 체감하게 하는 것 같아 해 지는 때가 싫었던 적도 있을 것이다. 노을이 질 때면, 일터에 나가신 부모님이 돌아온다는 기대에 설레었던 어린 시절도 있을 것이다. 사랑하는 사람이 떠난 후 노을을 바라보며 그 존재를 그리워한 사람도 있을 것이다. 혹은 밤이 무서워 노을을 싫어했을 수도 있다. 노을은 우리에게 어떤 존재인가?

비올리스트 용재 오닐이 한국에 처음 왔을 때 인천 공항에 내려 한국의 노을을 보면서, 이곳이 자신의 조국이라는 것을 강렬하게 느꼈다는 이야기를 TV에서 들은 적이 있다. 노을이 엄마의 치마, 가슴, 고향의 품과 같을 때가 있다. 장밋빛 수채화로 하늘을 채색하듯 온 하늘에 펼쳐진 노을은 일상과 시간을 잊게 한다. 노을은 의식과 긴장을 내려놓게 한다. 노을은 정서의 깊은 곳을 건드린다. 노을을 보면 순수한 어린아이가 된다.

노을은 우리의 마음이 쉴 집이나 편히 기댈 베개가 되어 줄 수도 있고, 우리를 고요하게 바라보며 우리의 이야기를 들어 주는 장밋빛 담요가 될 수도 있다. 어린왕자가 좋아하는 노을빛이 장미의 빛깔과 닮았다는 것은 우연이 아닐 것이다.

미술치료 회기가 시작되면 치료사는 내담자에게 안부를 묻고 이야기를 나누며 회기를 시작한다. 미술치료 주제는 내담자가 스스로 정하기도 하고, 내담자가 자연스럽게 말하는 최근의 감정이나 기억에 대한 내용을 치료사가 주제로 연결하기도 한다. 또한 치료사가 전 회기의 내용들을 분석한 후에 그와 연결된 주제를 본 회기에 제시할 수도 있다.

내담자가 어린왕자처럼 노을에 대한 이야기를 하면, 치료사는 그와 관련된 것을 주제로 제안할 수 있다. 특히 미술치료 초기에 감정에 대한 주제가 많이 다루어지기 때문에, 노을은 초기 단계에서 관계와 정서를 표현하는 데 적합한 주제가 될 수 있다.

주제 1. 노을

① 심상에 떠오른 노을 그리기

• 눈을 감고 그동안 살아가면서 마음에 와 닿았거나 인상 깊게 보았던 노을을 떠올려 그리기

② 작품 감상과 글쓰기

• 다른 집단원들의 노을 작품을 감상한 뒤 각 작품에 대한 감상 글이나 편지를 써서 작품 밑에 넣어 두기

③ 글 읽기

• 자기 자리에 돌아와서 다른 집단원들이 적어 준 글을 읽기

④ 피드백 나누기

대 화

• 노을을 어디서 보았는가? 어떤 계절이었는가? 어떤 상황이었는가?

• 노을의 모습은 어땠는가?

• 혼자 있었는가? 누구와 함께 있었는가?

• 노을을 보면서 어떤 기분이 들었는가?

• 노을이 지는 때를 싫어하는가? 무엇 때문인가?

• 노을 보기를 좋아하는가? 왜 그러한가?

• 피드백 글들은 어떤 내용인가? 지금 기분은 어떤가?

∶ 주제 1. 〈노을〉

주제 2. 위로의 풍경

• 슬픈 상황, 슬픈 감정을 그림으로 표현하기

• 슬플 때 나는 어떻게 하는가?

• 슬픔을 위로해 주고 공감해 주는 것은 무엇인가? 사람? 동물? 식물? 자연 풍경? 그것을 이미지로 표현하기

• 슬플 때 내가 찾아가는 곳, 찾고 싶은 곳을 이미지로 표현하기

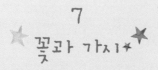

7
꽃과 가시

    나는 어린왕자와 만난 지 닷새째 날 그의 비밀스러운 이야기를 하나 더 알게 된다. 어린왕자는 오랫동안 생각한 듯 양과 꽃에 대해 계속하여 질문한다. 양이 꽃을 먹는지, 가시가 있는 꽃도 먹는지, 꽃의 가시는 무엇에 필요한지 등등.

    나는 언제 고쳐질지 모르는 비행기 때문에 불안하고 신경이 날카로운 상태에서 수리에 몰두하느라 어린왕자의 계속적인 질문에 건성으로 대답한다. 나는 아무 생각 없이 꽃들은 자신의 심술 때문에 가시가 있다고 대답한다. 이 말에 어린왕자는 화가 나서 거짓말이라며, 꽃의 가시는 자신을 보호하기 위한 것이며, 꽃은 가시로 자기가 무서운 존재가 되는 줄 안다고 반박한다.

    어린왕자는 꽃에는 관심도 없고 자신의 일만 항상 중요하다고 주장하는 어른들은 교만하고 버섯 같다고 말한다. 어린왕자는 꽃의 가시와 양이 꽃을 먹는 것이 왜 중요한지 말한다. 또 자기 꽃을 떠올리며 흐느껴 울기 시작한다.

어린왕자는 자연의 질서와 자신이 사랑하는 꽃에 대해 아무렇지도 않게 말하는 나에게 화를 낸다. 나는 그제야 어린왕자를 껴안아 주며 위로한다. "꽃은 위험하지 않아, 양에게 입마개를 그려 줄게……."라고 말하면서도 나의 위로가 매우 서툴다고 느낀다.

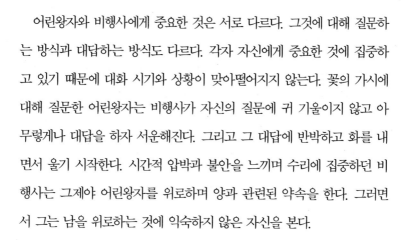

어린왕자와 비행사에게 중요한 것은 서로 다르다. 그것에 대해 질문하는 방식과 대답하는 방식도 다르다. 각자 자신에게 중요한 것에 집중하고 있기 때문에 대화 시기와 상황이 맞아떨어지지 않는다. 꽃의 가시에 대해 질문한 어린왕자는 비행사가 자신의 질문에 귀 기울이지 않고 아무렇게나 대답을 하자 서운해진다. 그리고 그 대답에 반박하고 화를 내면서 울기 시작한다. 시간적 압박과 불안을 느끼며 수리에 집중하던 비행사는 그제야 어린왕자를 위로하며 양과 관련된 약속을 한다. 그러면서 그는 남을 위로하는 것에 익숙하지 않은 자신을 본다.

어린왕자와 비행사의 대화에서 진지한 관심과 경청의 문제, 피상적 대화와 태도로 인한 불만과 그에 따른 감정 표출을 볼 수 있다. 경청은 그 자체로 위로와 힘이 될 수 있는 공감의 또 다른 모습이다.

나의 마음과 말에 귀를 기울여 준 사람은 누구인가? 내가 중요하고 절실한 문제에 직면했을 때 귀 기울여 들어 준 사람, 함께 있어 준 사람은 누구인가? 그런 사람이 기억나지 않는가? 혹은 기대했던 사람이 나의 이야기를 피상적으로 듣거나 별것 아니라고 말해서 슬프거나 화가 난 적이 있는가?

나는 누구의 이야기에 귀 기울여 들어 준 적이 있는가? 그 사람이 오랫동안 생각하고 꺼낸 이야기라는 것을 안 적이 있는가? 나는 그때 어땠는가?

미술치료에서도 이와 같은 상황이 전개된다. 미술치료사는 내담자와 그의 그림에 귀 기울이고 집중하지 못하는 경우가 있다. 치료사는 내담자가 그림을 그린 후 자신의 이야기를 하면서 그가 오랫동안 가지고 있었던 질문을 말과 그림으로 묻는 것에 집중하여 듣고 있는지 자주 자기점검을 해야 한다.

미술치료사는 내담자의 그림을 보며 자신의 말부터 먼저 하고 있지는 않은지 스스로 살펴봐야 한다. 그림에 대한 경청, 마음으로 그림을 보는 것, 내담자의 말에 경청하는 것은 내담자를 만나기 위한 치료사의 마음이자 경건한 태도이며 신뢰의 바탕이다.

온전히 한 존재에 귀 기울이는 것은 치료사가 내담자 본래의 온전함을 믿고 그것을 찾도록 동행하는 것이다. 온전히 귀 기울인다는 것은 내담자뿐 아니라 치료사 자신의 성장을 위해서도 중요한 자세다.

경청의 문제로 전이와 역전이가 일어나며 치료사는 이런 과정을 거쳐 뒤늦게 자신의 태도를 깨닫게 된다. 내담자는 자신의 이야기와 그림에 귀 기울이지 않고 집중하지 않는 미술치료사를 과거 자신의 갈등 대상과 동일시하고 감정을 분출할 수 있다. 역으로 미술치료사는 자신이 보내는 집중과 관심을 내담자가 하찮게 여기거나 귀찮아할 때 해결하지 못한 과거의 억눌린 정서를 그에게 나타낼 수 있다. 미술치료사는 내담자의 이러한 반응을 알아차려야 하며, 자신의 문제도 인지하여 인정하고 새롭게 변화할 수 있어야 한다. 이러한 깨달음과 인정의 과정에서 의사소통의 중요성과 관계의 위기를 재인식하게 된다. 혹은 슈퍼비전을 통해서 그러한 상황을 재확인할 수 있다.

주제 1. 자기 안의 가시

• 갈등이 있었던 혹은 현재 갈등이 있는 존재와 자신의 관계 그리기/만들기

주제 2. 가시 있는 꽃

• 가시 있는 꽃 그리기 / 만들기

⦂ **주제 1. 〈자기 안의 가시〉**

8
장미의 탄생

어린왕자는 나의 서툰 위로를 들은 후 장미 이야기를 들려 준다. 내가 귀 기울여 들은 장미 이야기는 다음과 같다.

어린왕자는 어느 날 여느 것과는 다른 싹과 꽃망울을 맺는 꽃을 발견한다. 그는 그 꽃에 기적 같은 것이 일어날 것이라는 기대감으로 설렌다. 그러나 꽃이 필 때까지 기다리는 시간은 오래 걸린다. 꽃은 아름다워지기 위해 오랫동안 준비를 한다. 꽃은 세심하게 자신의 빛깔을 고르며 천천히 옷을 입고, 구겨진 모습으로 나오고 싶지 않아 꽃잎들을 잘 다듬는다. 어느 날 아침 해가 떠오를 무렵, 꽃은 드디어 아름다운 모습으로 태어난다.

어린왕자는 감탄하며 꽃에게 아름답다고 말한다. 꽃은 자신이 아침 해와 함께 태어났다고 말한다. 자신의 아름다움을 당연하게 여기며 아침 식사를 요구한다. 어린왕자는 꽃에게 신선한 물을 뿌려 준다.

허영에 빠진 꽃은 어린왕자에게 많은 것을 요구하고 괴롭히며 그를 난처하게 한다. 어떤 때는 자신의 가시는 '호랑이들이 발톱을 세우고 덤벼들어도 끄떡없다'고 허세를 부린다. 어린왕자가 호랑이는 풀을 먹지 않는다고 하자 자신은 풀이 아니라고 한다. 그러다 꽃은 바람 부는 것이 무섭다며 "바람막이를 해 주지 않겠어?"라고 하며 두려움을 보인다. "저녁에는 유리 덮개를 씌워 줘." "이곳은 매우 춥고 위치도 좋지 않아. 내가 살던 곳은……" 장미는 까다롭게 불평하고 기침을 하면서 어린왕자의 마음을 불편하게 만든다.

어린왕자는 꽃과의 경이로운 만남을 기대했고 또 그러한 만남을 열심히 가꾸고 사랑한다. 그러나 시간이 지나면서 어린왕자는 꽃이 아무 생각 없이 하는 말을 자신이 너무 진지하게 받아들인다는 생각이 든다. 그런 생각이 들자 그는 꽃의 존재에 대해 의심하게 되고 자신이 불행하다고 느낀다. 꽃과의 관계에 대한 자신의 마음에 회의가 든다.

그러나 어린왕자는 지구에 와서 나에게 장미꽃 이야기를 들려 준 후에 자책하며 고백한다. 어린왕자는 꽃과 함께 있을 때는 꽃을 이해할 줄 몰랐다며, 꽃의 말만 들을 것이 아니라 꽃의 행동을 보고 판단했어야 했던 거라고 실토한다. 꽃은 자신에게 향기를 풍겨 주고 마음을 밝게 해 주었는데도 자신은 그것을 알지 못했다며 후회한다.

어린왕자는 장미에 대해 "도망치지 말았어야 하는 건데…… 꽃의 거짓말 뒤에는 애정이 숨어 있다는 걸 눈치채지 못했으니…… 꽃이 모순된 존재인 것도 몰랐고 너무 어려서 그 꽃을 사랑할 줄을 몰랐어……"라고 고백한다.

어린왕자는 비행사와 더 가까워지면서 오랫동안 생각해 오던 장미와의 첫 만남에 대해 이야기한다. 비행사와 만나 그동안 이야기한 양, 바오밥 나무, 가시도 모두 꽃과 관련된 이야기들이다. 어린왕자는 꽃으로 인하여 기다리고 설레며 아름다움에 경탄하고 보살피는 것에 열중한다. 그러나 그는 꽃이 허영심이 많고 때론 거짓말도 하며 자기중심적이고 강한 척하다가도 약한 모습을 보이며 요구하는 것이 많다는 것을 알게 되면서 꽃에게 의심과 회의가 들기 시작한다. 그러고는 꽃을 떠나기로 마음먹는다.

어린왕자는 비행사에게 꽃을 이해하지 못한 자신에 대해 후회하는 말을 한다. 자신이 너무 어려서 꽃을 어떻게 사랑하는지 몰랐다고.

우리도 어린왕자처럼 누군가에게 최선을 다한다고 생각했는데 상대방이 그것을 몰라 줘 속상하거나 마음이 상했던 적이 있을 것이다. 그러면서도 자기 마음을 말로 잘 표현하거나 전달하지 못하는 자신의 성격에 대해 스스로 화를 내기도 한다. 때로는 거꾸로 누군가가 자신에게 진지한 마음으로 정성을 다하는데 진심으로 받아들이기 어려워 상대방의 마음을 시험해 보고 싶은 장미가 된 적이 있을 것이다.

장미는 부스러지기 쉽고 상처받기 쉬운 존재이지만, 아름답게 태어나기 위해 얼마나 많은 시간과 공을 들인 후에 자신을 보이고 싶어 했는가!

모든 존재는 질서와 온전한 아름다움을 위해 보이지 않는 많은 준비를 한 후 세상에 태어난다. 그래서 태어날 때는 자신의 성장을 위한 계획이 이미 내재되어 있다. 장미도, 우리도 그런 본질을 지니고 있다. 모든 생명은 어둠 속에서 아름다움을 준비하고 아침 햇살과 함께 태어난 존재가 아닌가! 그러나 세상에 처음 나와서는 장미처럼 기후, 사람, 동물, 언어, 밤도 모르지 않는가! 어린아이는 세상에 대한 호기심으로 끊임없이 질문하고 또 세상에 적응하기 위하여 의지하며 도움을 구하고 자신의 힘을 보여 주기도 한다. 어린아이가 세상에 대해서 끊임없이 묻고 제 나름대로 생각하고 자신을 보호하고 의지할 사람을 찾는 것처럼, 우리 모두에게도 그런 어린 시절이 있다.

우리도 사랑의 감정을 처음 느낄 때 어린왕자와 꽃처럼 행동하지 않았던가? 우리는 가까운 사람에게 혹은 사랑하는 사람에게 칭찬이나 경탄의 소리를 듣기를 원하면서도 그런 것에 익숙하지 않아 마음을 숨긴 적은 없는가? 혹은 칭찬과 경탄을 오히려 자신에게 하는 아부쯤으로 여긴 적은 없는가? 주변의 칭찬이 과도하여 불편한 적은 없는가? 칭찬에 진정성이 없어, 아니면 칭찬이 다음의 성취를 위한 채찍처럼 느껴져 힘든 적은 없는가? 우리는 타인을 온전히 칭찬하고 또한 타인에게서 온전하게 칭찬받은 적이 있는가? 칭찬에 대한 반응을 허세로 볼까 봐 짐짓 겸손한 척한 적은 없는가?

우리는 자신의 존재가 태어나기 위해 오랫동안 준비한, 햇빛과 물과 바람과 흙을 통해 진정한 꽃으로 태어난 존재와 같다는 것을 다시 발견할 수 있을 때 비로소 우리 내면의 상처를 치유할 수 있는 힘을 발견한다. 나는 어떤 꽃인가?

Petersen(2000)은 치료적 관계의 두 가지 기본 구조를 전이와 만남으로 본다. 그는 치료사는 내담자를 돌보는 봉사자라고 하면서, '치료사가 정말 항상 봉사하는 파트너인가?'라고 묻는다. 치료사는 봉사자로서 귀기울여 듣고 사심 없이 들으며 마음을 비우고 들을 수 있어야 한다는 것이다. 이는 Buber(1990)가 온 존재를 기울여 '너'를 향하여 나아갈 때 참된 '나'는 살아서 움직이며 현재를 사는 것이라고 말한 의미와 같은 맥락이다.

치료사는 내담자를 위해 존재한다. 치료사가 자신의 온 존재를 기울여 내담자를 향하여 다가갈 때 온전한 치료가 된다. 이러한 태도는 치료사의 귀중한 덕목이다. 치료사는 성실한 경청자이자 동반자로서 치료적 관계에서 내담자에게 지식을 가르치거나 나타내 보일 필요가 없다. Petersen도 치료사가 내담자를 가르치려 하거나 많이 아는 체하는 것은 내담자와의 대화에 중대한 걸림돌이 된다고 말한다. 치료사에게는 이러한 자기인식이 항상 필요하다.

어린왕자와 꽃의 관계를 치료사와 내담자의 관제역동에 대입할 수 있다. 어린왕자는 치료사의 역할과 태도를 보여 준다. 어린왕자는 최선을 다한다고 생각하지만, 내담자인 꽃이 투덜거리고 거들먹거리다가도 별것 아닌 것에 두려워하며 많은 것을 요구하는 것에 의심과 회의를 느끼며 관계를 중단하기로 한다. 그는 자신의 한계를 느끼고 세상에 대해 더 배워야 한다며 떠나려 한다. 그러나 이것은 관계가 갈등에 부딪혔을 때 해결에 대한 어려움을 피하려는 도피의 방편일 수 있다. 어린왕자의 꽃 이야기를 들은 비행사도 비록 불시착하여 사막에 왔지만, 일상의 관계에 대한 어려움과 그 해결을 위한 무의식적인 돌파구인 것은 아닌지 생각해 볼 수 있다. 어린왕자의 꽃 이야기는 비행사 자신의 이야기일 수도 있다.

어린왕자에게 장미는 해결하지 못한 관계의 문제이기도 하다. 혹은 어린왕자 자신의 그림자가 될 수도 있다. 즉, 장미는 어린왕자의 다른 모습이자 내면의 모습일 수 있다. 어린왕자는 억압해 두었던 자신의 무의식의 정서가 장미와의 관계를 통해서 드러나는 것이 불편할 수 있다. 이는 치료사가 내담자에게 모든 정성을 다했는데도 내담자는 그것을 알아주지 않고 자기중심적이어서, 치료사가 극복하지 못한 부정적 감정이 이와 뒤섞여 자기 문제와 동일시한 것과 같은 맥락일 수 있다.

어린왕자는 꽃을 떠나 다른 별로 여행하고 지구별에서 비행사를 만난 후에 자신이 풀지 못한 것들을 의식하고 반성하는 고백을 한다. 이 과정은 거짓 사랑, 의심, 자기인식, 후회, 자백으로 연결된다.

Dannecker(2006)와 Petersen(2000)은 역전이의 극복 방법을 제시하는데, 구체적으로 치료사 자신의 특별한 심리적 상황과 전망 인식하기, 내담자와 치료사 자신의 욕구 구별하기, 자기관찰, 슈퍼비전, 자신의 예술 경험을 들고 있다. 미술치료사는 역전이를 의식화함으로써 판단과 선입견 없이 내담자와 그의 작품을 관찰하고 적절한 개입과 평가를 할 수 있다. 개입에는 개인 경험과 역전이 의식뿐 아니라 전문 지식이 함께 연결되어야 한다.

주제 1. 장미꽃

① 자신을 가장 아름답고 우아한 장미꽃으로 그리기/만들기

• 자신의 강점, 고유한 힘, 잠재력, 아름다운 마음 등을 생각하여 가장 아름다운
장미 혹은 다른 꽃으로 이미지화하기

② 그림 전시와 감상

• 각자 집단원들에게 자신의 작품을 보여 주며, 자신이 얼마나 아름다운지 자랑하기
• 집단원들은 각자 돌아가며 그 꽃에 대해 감탄과 칭찬의 말 해 주기
• 그림의 주인공은 집단원 각자의 감탄과 칭찬의 말을 듣고 수긍하며 반응하기

〈칭찬 예〉

"너는 참으로 아름답구나!" "장미, 너는 아주 근사하다!" "넌 아름답고 멋있
어!" "너의 빛깔은 우아하고 경이롭다!" "네가 이렇게 멋있는 줄 몰랐어."
"너의 모습은 환하고 빛나구나!" 등

〈반응 예〉

"고마워, 난 원래 그래." "맞아, 난 이렇게 아름다워." "네가 나의 아름다움을
알았구나. 고마워." 등

③ 소감 나누기

• 칭찬한 느낌과 칭찬을 들은 소감 나누기

주제 2. 마음을 기울인 존재

- 자신의 삶에서 마음을 깊이 기울였던 존재는 누구 혹은 무엇인가?
- 그 존재와의 관계에서 갈등, 의심, 회의가 있었더라도 마음을 기울였던 존재의 이미지 그리기

⁝ 주제 1. 〈장미꽃〉

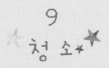

9
★ 청 소 ★

어린왕자는 장미에 대한 갈등과 회의로 자기 별을 떠나기로 결심한다. 그는 떠나기 전에 자기 별을 정돈하고 청소한다. 두 개의 활화산 그을음을 털어 내고 폭발할 수 있는 휴화산도 청소한다. 어린왕자는 화산들은 규칙적으로 청소하면 폭발하지 않고 잘 타오르고 요리하는 데에도 사용되지만, 그렇지 않으면 폭발하여 어려움을 겪게 된다는 것을 알고 있다.

어린왕자는 떠나면서 자신이 하는 모든 일에 여느 때와는 다른 특별한 정을 느끼며 슬픈 마음이 든다. 그는 마지막으로 꽃에 물을 주고 유리 덮개를 씌워 주며 꽃과 작별 인사를 할 때 울고 싶어진다. 꽃은 어린왕자에게 잘못했다며 용서를 빌고 잘 살기 바란다는 작별 인사를 하며, 어린왕자를 좋아한다고 고백한다. 꽃은 어린왕자를 좋아했지만, 어린왕자가 눈치채지 못한 것은 자기의 잘못이며 자신도 어린왕자처럼 어리석었다고 말한다.

꽃은 이제 유리 덮개가 필요 없다면서, 밤의 서늘한 공기가 자기에게 더 좋을 것이고 나비와 친구가 되기 위해 두세 마리의 애벌레를 참겠다고 한다. 그리고 짐승이 다가와도 자기한테는 발톱이 있어서 무섭지 않다고 말한다. 꽃은 울고 있는 자신의 모습을 보이기 싫어 어린왕자에게 빨리 떠나라며 화를 낸다.

어린왕자는 자기 별을 떠나서 여행을 하기로 결심하고, 별을 정리하고 대청소를 한다. 어린왕자는 활화산과 휴화산도 정성 들여 청소하며 규칙적으로 청소하는 것이 중요하다는 것을 다시 강조한다. 청소를 할 동안 어린왕자는 자기 별의 모든 것에 새로운 정을 느낀다. 그는 그동안 정성을 들였던 꽃과 헤어지면서 슬픈 마음이 든다. 그제야 꽃도 어린왕자를 좋아했다며 자신의 어리석은 행동에 대해 사과를 한다. 그러면서도 꽃은 짐짓 강한 척한다.

우리의 삶에는 항상 떠남이 있다. 우리는 왜 떠나는가? 어린왕자는 자기 정체성에 대해 혼란스러워하고 변화하고 싶은 욕구를 느낀다. 어린 왕자는 관계를 통해서 자신의 또 다른 모습을 발견한 후 회의감이 든다. 자신에게 오랫동안 익숙하고 질서가 잡혀 있다고 생각했던 것을 의심하면서 만약 그것이 속박이었다면 그것으로부터 벗어나고자 한다. 떠나기 위한 준비 중에 자신의 일상과 마음을 정리하는 것은 매우 중요한 과제다. 그것은 자신의 삶과 정신의 현주소를 들여다보는 것이다. 어린 왕자에게 대청소는 자신을 묶어 둔 부정적 습관이나 잡동사니 감정들을 꺼내어 마주하게 하며, 새로운 변화와 성장으로 나아가게 하는 준비 과정이다.

자신에게 익숙한 것들로부터 떠나기로 결정한 어린왕자의 모습에서 Merton의 말이 떠오른다. "행동은 존재의 문이요 창이다. 우리가 행동하지 않는다면 우리가 어떤 존재인지 알 수 있는 방법이 없을 것이다. 우리 존재의 체험은 그것을 알고 경험하는 어떤 체험이 없다면 불가능하다."(Merton, 1999)

어린왕자는 화산 청소를 잘하면 폭발하지 않고 꾸준히 타오를 것이라고 믿는다. 화산은 요리하는 데에도 사용되지만 규칙적으로 청소를 하지 않으면 폭발하고 만다. 그는 화산의 유익함과 위험을 알고 있다. 중요한 것은 꾸준하게 청소하는 것이다. 즉, 규칙적인 살펴보기가 문제다. 바오밥 나무의 싹을 항상 살펴보고 뽑아 주어야 하는 것이 질서의 문제이듯, 화산도 규칙적인 보살핌이 필요한 것은 질서의 문제와 관련되기 때문이다.

화산이 폭발하듯 감정이 폭발할 때가 있다. 자기 안의 불은 잘 가꾸어 주면 심리적 에너지와 열정으로 타오른다. 그러나 자신의 내적 마그마가 억눌려 있으면 파괴적으로 폭발한다. 때로 자신 안의 불들은 표출되지 않거나 표출되기를 두려워하거나 혹은 죄책감으로 변하기도 한다. 우리가 감정 표현을 억제하거나 감정을 표현할 줄 모르면 열정과 기쁨의 에너지도 약하거나 느낄 수 없다. 감정의 상태를 규칙적으로 청소하고 자연과 자신의 내적 질서에 동참하여야 한다.

에너지를 품고 있는 화산은 두 개의 얼굴과 상징을 지닌다. 고대에는 화산을 신의 분노이자 축복으로 여겼다. 화산은 모든 것을 파괴하고 없애지만 새로운 것을 창조하기도 한다. 화산은 인도의 시바 신처럼 창조와 파괴의 두 얼굴을 가지고 있다. 대지가 생명을 품어 주고 생명을 피어나게 하기도 하지만 생명을 삼켜 버리고 죽음을 받아 주는 것처럼 말이다.

분노의 화산은 파괴와 재앙을 가져오고 대지를 검은 연기와 그림자, 재로 뒤덮는다. 그러나 창조의 화산은 생명과 재생을 지속하는 원천이며 새로운 삶의 공간을 제공한다. 미네랄이 풍부한 비옥한 토양과 온천, 온천을 이용한 전력 에너지 공급 등은 화산이 주는 선물이다.

우리 마음의 마그마는 어떤가? 우리는 자신의 화산을 규칙적으로 청소하고 있는가? 우리에게는 열, 열정, 설렘, 기다림, 사랑, 억울함, 화, 분노, 공격성 등의 마그마가 존재한다. 자신 안의 마그마가 활화산이 된 적이 있는가? 활화산이 된 경우는 어떤 때인가? 자신의 마음, 정신을 화산으로 표현한 적이 있는가? 자신 안의 마그마의 힘은 어떠한가? 어떤 용암의 형태로 남아 있는가? 우리는 자신 안에 억제되어 있던 것들을 표출한 후에는 생각지도 못한 자신의 에너지와 새로운 가능성을 만날 수 있다.

활화산뿐 아니라 언제 폭발할지 모르는 휴화산도 심리치료에서 심리적 폭발과 억누름으로 인한 병리적 문제가 된다. 자신 안의 마그마는 어떨 때 폭발하고, 또 어떤 것으로 폭발하는가? 폭발 후에는 그것을 어떻게 청소하고 있는가? 휴화산으로 있을 때도 점검을 하고 청소를 하는가?

미술치료에서 감정의 억제와 폭발의 문제는 중요한 주제다. 내담자는 이러한 상반된 감정에 오랫동안 시달리고 있는 경우가 많다. 내담자의 내면에서는 감정 폭발에 대한 두려움과 감정 폭발 후의 자책과 죄책감이 동전의 양면처럼 항상 갈등을 일으키고 있다. 이러한 갈등은 불안과 우울로 연결되기 쉽다. 오랫동안 감정을 억제하다 보면 자신 안의 에너지가 열정인지 혹은 화와 분노인지 구별하기 어렵다. 미술치료는 이러한 상반된 감정을 그림으로 표현함으로써 자신의 감정과 대면하고 엉킨 감정의 실타래를 풀 수 있는 기회를 제공한다. 나아가 내담자는 풀린 실타래로 자신이 사용하고 입을 수 있는, 자신만의 색을 가진 옷을 짤 수 있다.

주제 1. 화산

① 〈나의 심리적 화산〉 그리기/만들기

- 자신의 심리적 활화산, 휴화산을 들여다보며 그러한 상황, 원인, 관련된 일 혹은 사람 떠올리기
- 억제된 갈등이나 상처 등이 표출되거나 마음을 편치 않게 하는 것 등을 떠올리기
- 자신의 심리적 화산에 대한 이미지 그리기/만들기

② 글쓰기

- 완성된 화산을 보면서 연상되는 것을 쉼표 없이 글로 쓰기/단어 적기

③ 감상과 피드백 나누기

- 감상 후 자신의 글 전체 혹은 일부를 낭독하고 피드백 나누기

대 화

- 갈등과 관계된 존재는 무엇인가?
- 분노의 화산: 분노를 폭발한 적이 있는가? 그 파장은 어떠했는가?
- 열정의 화산: 자신 안의 열정을 분출한 상황이 있는가? 자신의 삶에 혹은 타인에게 어떤 영향을 끼쳤는가? 자신의 열정은 무엇인가?
- 화산을 규칙적으로 청소하면 어떤 결과를 얻게 되는가?

주제 2. 내면의 불, 영혼의 불과 에너지

- 자신의 내면에서 들려오는 소망, 힘, 열정 등을 떠올리며 이미지 그리기/만들기

주제 3. 이별

- 이별과 관련된 이미지 그리기

주제 1. 〈나의 심리적 화산〉

주제 2. 〈내면의 불〉

10
권위의 왕

여행길에 나선 어린왕자는 가장 먼저 가까이 있는 소혹성을 찾는다. 어린왕자는 첫 번째 별에 도착하여 호화로운 망토로 별 전체를 덮고 있는 왕을 본다. 왕은 어린왕자를 보자마자 "아, 신하가 한 명 왔구나!" 하며 모든 것을 자신의 명령대로 하라고 한다. 왕은 자신의 권위가 존중되는 것을 가장 중요하게 여긴다. 왕은 자신이 모든 것을 다스린다고 믿고 있으며, 무례함과 무질서를 용서하지 않는다.

또 왕은 어린왕자에게 심판을 담당하는 대신의 자리를 주겠노라고 말한다. 어린왕자가 아무도 없는 상황에 누구를 심판해야 하는지 물으니, 왕은 말한다. "너 자신을 심판해라. 그것이 가장 어려운 일이다. 다른 사람보다 자신의 심판이 더 어렵다. 너 스스로를 훌륭히 심판할 수 있다면 너 자신은 참으로 지혜로운 사람이다."

왕은 자신의 왕국을 돌아본 일이 없고 항상 옥좌에 앉아 명령만 한다. 어린왕자가 떠나려 하자 왕은 그를 말리며 대사로 임명하겠다고 외친다. 어린왕자는 '어른들은 아주 이상하다.'라고 생각하며 그 별을 떠난다.

자기 존재에 대한 물음과 견문을 넓히기 위해 자기 별을 떠난 어린왕자는 처음 도착한 별에서 명령만 하며 권위를 중요하게 여기는 왕을 만난다. 어린왕자는 권위의 왕이 사람이 전혀 없는 곳에서도 명령만 하고 지내는 것을 참으로 이상하게 여기며 그런 왕을 이해할 수 없다.

'권위'라는 말을 들으면 어떤 느낌이 가장 많이 드는가? 어떤 사람이 떠오르는가? 우리가 만난 사람 중에 이해할 수 없었던, 받아들이기 어려웠던 권위적인 사람은 어떤 사람인가? 혹은 지혜로운 권위를 가진 사람을 만난 적이 있는가? 그 사람은 어떤 사람인가?

자신은 권위가 있다고 여기는가? 권위를 어떻게 펼쳐야 한다고 생각하는가? 자신이 행사하는 권위는 어떤 것인가?

어린왕자가 가장 가까운 별에서 처음으로 만난 대상은 권위적인 왕이다. 권위의 왕은 우리의 가장 가까이에 있으며 항상 부딪히는 해결하지 못한 갈등과 저항의 대상이다.

내담자가 억압하고 있던 것은 권위와 관련된 것이 대부분이다. 어른의 권위적 행동에 두려움을 안고 살았던 내담자는 자신을 억제하는 경향이 많다. 권위에 상처받은 내면은 일상에서 어떻게 작용하고 행동화되는가? 내담자는 권위와 관련된 무의식의 내용이 의식화되면 먼저 당황스러워하고 거부하며 저항하게 된다.

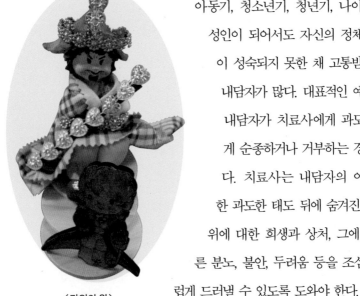

〈권위의 왕〉

이런 상황은 치료사에게도 투사되어 나타나는 경우가 많다. 어른의 권위에 눌려 아동기, 청소년기, 청년기, 나아가 성인이 되어서도 자신의 정체성이 성숙되지 못한 채 고통받는 내담자가 많다. 대표적인 예는 내담자가 치료사에게 과도하게 순종하거나 거부하는 경우다. 치료사는 내담자의 이러한 과도한 태도 뒤에 숨겨진 권위에 대한 희생과 상처, 그에 따른 분노, 불안, 두려움 등을 조심스럽게 드러낼 수 있도록 도와야 한다.

주제 1. 권위자

① 권위자 이미지 그리기—소집단 활동

· 2~4명이 종이(2절)에 권위에 대한 이미지를 말하지 않고 함께 그리기

② 권위자에게 글쓰기

· 권위적인 대상에게 붙이고 싶은 호칭을 붙여 글쓰기 시작

· 그림을 그린 후 함께 감상하며 대화 나누기

주제 2. 권위자

① 권위자 이미지 그리기—개인

· '권위적' 하면 떠오르는 사람 이미지 그리기

· 이미지와 함께 떠오르는 감정도 같이 그리기

② 자기 그림 보며 글쓰기

주제 3. 권위자 동화 쓰기

· 권위적 인물의 삶을 동화로 쓰기/이야기 만들기

· 동화 만들어 낭독하기

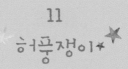

두 번째 별에 도착한 어린왕자는 자신을 보고 바로 "아! 저기 나를
찬양하는 사람이 찾아오는군!" 하고 말하는 허영심이 심한 허풍쟁이를
만난다. 이 사람은 모든 사람이 자신을 찬양한다고 여긴다. 그는 항상
모자를 쓰고 사람들의 환호와 찬양에 응답할 준비를 갖추고 있다. 그는
박수 외에는 어떤 것도 듣지 못한다. 그러나 그는 자신을 찬양하는 사
람이 아무도 없다며 불행해한다.

자신이 '가장 잘생기고, 가장 옷을 잘 입고, 가장 부자이고, 가장 똑
똑하다고 인정받는 것', 즉 찬양만이 허풍쟁이의 인생에서 가장 중요한
주제다. 그는 자기 존재를 부풀리는 데 몰두하지만 자신이 왜 그런지는
알지 못한다. 어린왕자는 이 별에서도 "어른들은 정말 이상하다."라고
중얼거리며 그곳을 떠난다.

모두가 자기를 찬양하기만을 바라며 그에 대한 반응에만 몰두하는 사람은 칭찬과 찬양을 받지 못하면 불행하다고 느낀다. 찬양만을 바라는 사람을 만난 어린왕자는 그렇게 지내는 사람을 도무지 이해할 수 없다.

우리는 자신의 존재를 부풀리고 겉치레를 하고 싶을 때가 있다. 그리고 사람들에게 그러한 치장에 대해 칭찬 받고 감탄의 시선을 받고 싶어 한다. 그럴 때는 언제인가? 그런 겉치레와 칭찬이나 감탄이 좋아서 자주 혹은 늘 그러한 욕구를 가지고 그렇게 행동하는 사람을 만난 적이 있는가? 그렇다면 그 사람은 왜 그럴까? 칭찬과 감탄에 대한 욕구는 가속도가 붙는가? 칭찬과 감탄의 욕구는 심리적으로 많이 굶주린 사람의 욕구와 관련된다. 허영심과 겉치레의 허풍이 심할수록 내적 영양분은 고갈된다. 허풍쟁이는 언제부터 칭찬과 찬양에 배고팠는가? 허풍쟁이는 어떻게 하면 내적 영양분을 얻을 수 있을까? 우리는 허풍쟁이를 어떻게 이해할 수 있을까?

어린왕자는 허영심과 대면하지만, 그것을 받아들이기 어려워하며 이상하게 여긴다. 그러나 어린왕자도 꽃에게 칭찬을 받고 싶었던 것은 아닐까? 꽃에게 감사의 인사를 받고 싶은 것은 아니었을까?

미술치료에서 자기 자랑이 많고 칭찬을 바라는 것에 에너지가 집중되어 있는 내담자는 겉으로 보기에 자신감이 있고 모든 것을 낙천적으로 보는 것 같아 큰 문제가 없어 보인다. 그러나 치료를 하는 동안 내담자는 자신이 특별한 존재이고 주목받는 것을 즐기며 자신은 세계에서 최고가 될 사람이라는 것을 말하며 항상 찬사와 지지를 받기를 원한다. 현재 겪고 있는 어려운 상황은 가족이나 타인의 탓이라며 화를 내거나 억울해하는 경우가 많다. 이러한 유형의 내담자는 모든 것이 자기중심적이어서 타인의 조언이나 거절에 대해 과도하게 화를 내거나 방어를 하면서 견딜 수 없어 한다. 이러한 내담자는 자신이 사회적 명사들과 친분이 있다는 것을 자랑하기도 하지만 그 안에 시기심과 질투심을 안고 있는 경우가 많다. 또한 극복하지 못한 열등감이 내재하고 있다. 과도한 허영심과 허풍은 열등감의 다른 표현일 수 있다. 다른 한편으로 자기보다 어려운 형편에 있는 사람을 비난하거나 폄하하며 거만한 행동을 보이는 경향이 강하다. 자신을 과대평가하고 허영심이 많은 내담자는 자기애 장

〈허풍쟁이〉

애의 문제를 안고 있다. 이 경우에도 불안이 내담자의 전 생애에 항상 영향을 끼치게 된다.

미술치료에서는 내담자가 표현하는 화려한 이미지들에 대한 배려와 공감이 우선적으로 필요하다. 치료사는 불안정한 상황과 감정을 이미지로 자연스럽게 표출하도록 도와 자존감과 안정감이 내담자 자신에게 뿌리를 내리도록 동행하여야 한다.

주제 1. 허풍쟁이
• 허영심 많은 사람을 생각하며 그의 이미지를 과장하여 그리기/콜라주
• 활동 후 감상하며 이야기 나누기

주제 2. 나의 허영심
• 자신의 허영심을 이미지로 확장하여 그리기/콜라주

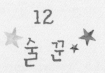

12
술꾼

어린왕자는 술꾼이 있는 별에 오자 기분이 몹시 우울해진다. 술꾼은 빈 술병과 아직 마시지 않은 술병들의 무더기 속에 취해 있다. 그는 술 마시는 이유를 '부끄러운 것을 잊기 위해서'라고 침울하게 말한다. 어린 왕자가 "무엇이 부끄럽지?"라고 묻자 술꾼은 "술 마시는 것이 부끄럽다." 라고 대답한다.

어린왕자는 그의 대답에 당황스러워하며 빨리 그곳을 떠난다. 그는 "어른들은 정말, 아주 이상하다."라면서 여행을 계속한다.

어린왕자는 술꾼을 만나 술꾼의 이해되지 않는 말을 듣고 다른 별에서보다 더 빨리 그 별을 떠나면서 우울해진다.

어린왕자가 만난 술꾼은 술 마시는 것에 대한 부끄러움을 잊기 위해 술을 마시고 또 마신다. 그는 자신이 술에 취하여 현실에서 도피하는 것이 부끄럽다는 것을 안다. 또한 그는 자신의 말이 말도 안 되는 궤변이라는 것을 알고 있다. 술꾼은 자신이 겪은 고통을 대면하는 것이 두렵고 그것을 잊기 위해 술에 의지하다가 결국 습관이 된 것은 아닐까? 그는 자신의 상처와 만나기 두려워서, 상처에 분노해서, 혹은 위로받을 사람이 없어서 술로 도피하고 술에 의지한 것은 아닐까? 술꾼이 위로받아야 할 상처는 어떤 것일까?

술과 부끄러움에 대한 인과관계는 모호하다. 술꾼에게 술은 모든 것을 잊게 하고 힘든 것과 대면하지 않게 하는 이상한 힘을 지니고 있다.

어린왕자는 여기서도 어른들이 정말, 아주 이상하다고 여긴다. 자신을 잊기 위해서, 부끄러워서 술에 의지하는 존재를 보며 어린왕자는 우울해진다.

알코올에 중독된 사람은 심리적 문제를 억압하고 회피하는 방편으로 술에 의존하다가 자신을 통제하기 어려운 상황에 이르는 경우가 많다. 알코올중독자는 자기방어가 높고 자기전능감 혹은 과대망상 경향이 많으면서도 죄책감, 불안, 무가치감, 열등감, 낮은 자존감 등으로 다시 자신을 파괴하는 중독의 악순환을 계속한다. 미술치료에서는 알코올중독자 개인이 자진해서 치료를 받으러 오는 경우는 거의 없기 때문에 자조집단을 통한 치료가 많이 이루어진다. 오히려 알코올중독자의 가족 구성원이 술로 인한 폭력 피해나 우울증, 불안, 무력감 등의 증세로 미술치료를 찾는 경우가 더 많다.

〈술꾼〉

Riedel(2000)은 알코올중독자가 우울증, 실패에 대한 두려움, 아버지의 과도한 기대감과 그것을 충족하지 못한 부담감, 자책, 과대망상, 자기애 상처 등을 떨치기 위해 술에 의존하지 않고 미술치료의 창의적 자기탐색 작업을 통하여 자신의 힘의 원천, 현실에 바로 설 수 있는 자신을 바라보게 된 사례를 보여 준다.

Lucas(1994)는 약물중독자 집단미술치료에서 그들에게 삶에 대한 동기 유발과 책임감을 장려하며 자신의 자원을 인식하고 관심을 가지게 하는 것을 목표로 하였다. 또한 그는 내담자들이 그림을 그림으로써 보이지 않는 내면세계의 변화를 체험하는 것이 중요한 치료적 요인이라고 강조한다.

주제 1. 술꾼
• 술꾼의 이미지, 상황 그리기/만들기

주제 2. 도피
• 자신이 습관적으로 도피하는 행동방식을 이미지로 그리기

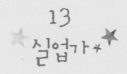

13
실업가

어린왕자가 만난 네 번째 별의 사람은 수 세기에 매우 바쁜 실업가다. 그에게는 모든 것이 돈으로 연결된다. 54세의 그는 자신을 아주 중요한 일을 하는 사람으로 여긴다. 그는 자신의 일 외에는 어떤 것에도 방해받고 싶지 않았지만, 인생에서 세 번 방해를 받은 기억이 있다. 첫 번째는 22년 전에 풍뎅이가 날아와 그의 계산을 틀리게 한 것이다. 두 번째는 11년 전에 산책을 하지 않아 신경통에 걸린 것이다. 그리고 계속하여 질문하는 어린왕자가 세 번째 방해자다.

실업가는 하늘의 별도 세어서 자기 것으로 만들어 부자가 되려 한다. 그에게는 자기 돈을 세어 은행에 맡기고 금고를 잠그는 반복되는 일상이 인생의 전부이며 가장 중요한 것이다. 어린왕자는 자기 별에서 자신이 했던 일은 유익한 일이었지만 실업가는 그의 별을 위해 유익한 일을 전혀 하지 않았다고 말한다. 실업가는 대답할 말을 찾지 못한다. 어린왕자는 "어른들은 모두 아주 완전히 이상하다."라며 여행을 계속한다.

어린왕자는 돈만이 인생에서 가장 중요하다고 여기는 욕심 많은 사람을 만난다. 돈을 인생의 전부로 생각하는 사람을 도저히 이해할 수 없어 하며 그는 그 별을 떠난다.

욕심은 결코 만족할 수 없는 삶을 살게 하며, 타인과 관계를 맺을 수도 없게 한다. 어린왕자는 욕심을 부리는 사람에게 주변을 위한 유익한 일은 무엇인지 질문한다. 욕심과 중요한 일에 대해 생각할 수 있다.

우리 일상에서 중요한 것은 무엇인가? 자신의 욕심 때문에 놓치고 있는 중요한 것은 무엇인가?

부를 축적하는 데에만 전 인생을 소비하는 욕심이 많은 사람은 미술

치료를 받으러 올 만한 시간이 없다. 보이지 않는 마음을 변화시킬 생각도 없으며, 보이지 않는 것에 자신의 돈을 낭비할 생각은 추호도 없다. 그러나 그 가족들은 정서적 관계를 전혀 하지 않는 이러한 사람 때문에 상처를 입고 미술치료를 찾는다. 가족들은 오랫동안 축적된 대화 단절, 소외감과 외로움으로 자신의 존재 이유를 잃어 간다. 이러한 외로움과 소외감은 미술치료에서 많이 다루는 정서다.

〈실업가〉

주제 1. 욕심꾸러기
• 부에 욕심이 많거나 집착하는 사람 이미지 그리기/콜라주

주제 2. 욕심
• 자신이 욕심 부리거나 집착하는 것의 이미지 그리기/콜라주

주제 3. 가장 중요한 일
• 자신에게 가장 중요했던 혹은 현재도 중요한 일의 이미지 그리기/콜라주

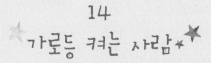

어린왕자가 찾아간 별 중에 가장 작지만 흥미로운 다섯 번째 별은 가로등 켜는 사람이 있는 곳이다. 어린왕자는 집도 사람도 없는 별에 가로등 켜는 사람이 있는 것을 이해할 수 없다. 그는 가로등 켜는 사람도 앞서 만난 사람들처럼 어리석다는 생각을 하지만, 이 사람은 의미 있는 일을 하는 것 같아 그들보다 덜 어리석다고 여긴다.

가로등을 켜고 끄는 일은 다른 존재들을 깨어나게 하고 잠들게 하는 아름다운 직업이다. 어린왕자는 아름다운 것은 유익한 것이라고 생각하면서 그에게 그 일에 대해 물어본다. 그러나 가로등 켜는 사람은 명령 때문에 그 일을 한다고 대답한다. 그는 아무 생각 없이 명령을 따르기만 한다. 해가 갈수록 시간이 더 빨리 가는 것 같아, 명령이 바뀌지 않았는데도 쉴 시간이 없어 자기 직업이 힘들다고 말한다. 가로등 켜는 사람은 언제나 쉬고 싶지만 그럴 수 없다. 어린왕자는 쉬고 싶을 때면 햇빛을 받으며 천천히 걸으라고 한다. 그러나 그는 오직 잠만 자고 싶기 때문에 어린왕자의 제안이 도움이 되지 않는다.

어린왕자는 그곳을 떠나면서 앞서 만났던 사람들은 가로등 켜는 사람을 경멸할 것이라는 생각이 든다. 그러나 그 자신이 아닌 다른 것에 골몰하기 때문에, 어린왕자에게는 그가 이상하게 보이지 않는다. 어린왕자는 이 사람과 친구가 되고 싶지만 그의 별이 너무 작아 두 사람이 있을 자리가 없다는 것을 안다.

어린왕자가 처음 방문했던 별의 왕은 명령만 하고, 가장 작은 별의 가로등 켜는 사람은 명령을 따르기만 한다. 같은 명령을 아무 생각 없이 따르는 가로등 켜는 사람은 시간이 점점 더 빨리 간다고 하며 쉴 수 없는 상황에 이른다. 그는 피곤에 지쳐 잠만 자고 싶어 한다. 그가 자신에게만 골몰하지 않기 때문에 이상하게 보이지는 않으나 그에게는 다른 사람과 나눌 공간이 없다.

우리는 명령에 따라 일에 몰두하다가 자신이 일중독에 빠졌다는 것을 인식하지 못하는 경우가 많다. 명령을 따르다 보니 일의 굴레에 빠져 들어 간다. 여유란 생각할 수조차 없고 피곤하다는 말을 입에 달고 살면서 일상은 피폐해진다. 친구들도 사라져 버린다. 일상은 황무지처럼 되고 자신을 위한 영양분을 취할 줄 모르는 일벌레가 된다.

자기 문제를 일중독의 커튼으로 가리는 바람에 자신의 문제도 해결책도 찾지 못하는 경우가 있다. 자신에게 주어진 명령은 남을 위한 것이고 설득력이 있으며 따를 가치가 있다고 생각하고 명령대로 일을 시작한다. 그러다가 명령에 몰두하다 보면 처음의 명령은 잊어버리고 자신이 내린 내면의 명령에 쉼 없이 쳇바퀴 돌듯 따를 뿐이다.

일중독자는 일 외의 시간을 너무 아까워하다가 시간의 바퀴 안에서 헤어나지 못한다. 그는 자신이 중요한 일, 남에게 유익한 일을 한다고 하지만 실상 자기 자신에게는 전혀 유익하지 않은 삶을 살고 있다. 타인의 명령이나 자신에게 일상화된 내면의 명령을 따르기만 하는 일은 그의 존재를 삼켜 버린다.

오직 일만 생각하고 모든 생활이 일로 연결되어 일을 하지 않으면 불안하고 쫓기는 기분이 드는 사람은 강박 성향이 강하다. 그러한 사람에게 휴식이나 여가, 유쾌하고 즐거운 시간이란 존재하지 않는다. 강박 성향 혹은 강박증을 가진 내담자는 항상 불안하고 긴장 상태로 심신을 이완하기 어렵다. 이러한 내담자는 미술치료에서도 정확한 시간에 오기,

완벽하게 그리기, 완벽하게 정리하기에 신경을 집중하고, 그렇지 못할 경우는 "죄송해요.", "잘 안 돼요.", "또 실패했어요.", "잘못했어요."라는 말을 반복한다.

일중독의 내담자는 그림을 그리거나 무언가 만드는 것도 모두 일과 의무로 생각하고, 자주 시계를 쳐다보며, 완성에 대한 집착이 강한 편이다. 그들은 감정의 이완이 어렵고 방어가 심하다. 바로 이러한 점 때문에 미술의 다양한 매체를 통해 모든 감각을 활용할 수 있는 미술치료는 그들이 신체적·정서적 이완을 할 수 있는 좋은 기회가 된다. 이러한 내담자는 완벽성의 경향이 있기에 미술치료 초기에 수채화, 점토 등의 이완에 도움이 되는 매체보다 주로 연필과 지우개를 많이 사용하는 편이다.

〈가로등 켜는 사람〉

그러나 치료가 진행되면서 내담자는 조금씩 이완할 수 있는 매체에 다가가면서 자기방어를 낮추기 시작하고, 감정 표출을 하며, 경직되고 창백한 얼굴에 미소를 띠기 시작하는 변화를 보인다. 창의적 활동을 통해 내담자는 자신이 일의 도구가 아니라 생생하게 살아 있는 주체적 존재라는 것을 체험한다. 미술치료사는 이러한 성향의 내담자를 위해 오랜 시간을 기다려 줄 수 있는 인내심과 치유적 동행을 위한 지혜가 필요하다.

주제 1. 일중독
- 자신의 중독 성향 이미지 그리기/콜라주

주제 2. 일벌레
- 일벌레의 모습을 과장하여 그리기/만들기

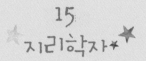

15
지리학자

어린왕자가 찾은 여섯 번째 별은 가로등 켜는 별보다 열 배나 크다. 그 별에는 엄청나게 많은 책을 쓰는 노신사가 살고 있다. 그는 어린왕자를 보며 탐험가가 왔다고 소리치고는 어디서 왔는지 묻는다. 지리학자인 그는 모든 방문자를 탐험가로 생각한다.

그는 자신이 아주 중요한 사람이기 때문에 한가로이 돌아다닐 수 없어, 모든 탐험가에게 증거물을 가져오게 하고 그들의 기억과 증거물에 대해 기록하는 일을 한다. 지리학자는 자신이 가 보지 않은 도시, 산, 바다, 강에 대해 알고 있다. 지리학자는 '덧없는' 꽃 같은 것에 대해서는 쓰지 않으며 유행에도 휩쓸리지 않는다. 지리학자는 변하지 않는 것에만 관심이 있다.

지리학자에게 '덧없는 것'은 '곧 사라질 위험에 있는 것'이다. 어린왕자가 자기 별의 꽃도 곧 사라질 위험에 있는지 묻자, 그는 확실하다고 단언한다. 어린왕자는 "나의 꽃은 덧없구나. 자신을 보호할 수 있는 것은 네 개의 가시밖에 없는데! 나는 그런 꽃을 내 별에 혼자 내버려 두고 왔구나!" 하며 처음으로 고향을 떠난 것을 후회한다.

그러나 어린왕자는 용기를 내어 자신이 어디로 가야 할지 물어본다. 지리학자는 평판이 좋은 지구별을 소개해 준다.

어린왕자는 이 여행에서 변하지 않는 것과 덧없이 사라져 버리는 것에 대한 화두를 얻게 된다.

자신이 보고자 하는 것만 보는 경향을 가진 사람이 있다. 이들은 자신의 생각과 관심만이 확실하고 다른 사람의 의견이나 입장은 별 의미가 없다고 주장하며 자신의 잣대로 상대방을 평가한다. 이런 성향의 사람은 습관과 생각을 좀체로 바꾸지 않으며 변화를 싫어하고 부정하거나, 그러한 것에 반감을 가지고 있어 고집이 강하고 아집에 빠지기 쉽다.

탐험과 실제 경험 없이 연구실 책상 앞에 앉아 이론에만 매달려 있는 지리학자에게 변화는 '덧없는' 것이다. 그러나 덧없고 사라질 위험에 있다는 것은 실존의 문제다. 사라진다는 실존의 문제는 인간의 한계 상황이다. 이 한계 상황 때문에 우리에게 실존의 중요성은 더 다가온다. 변화는 우리 삶을 성장시키는 매개이며, 변화를 위해서는 우리의 육체와 정신도 움직이고 경험해야 한다. 변하지 않는 것은 생명력을 잃게 된다. 모든 생명은 태어나고 사라진다. 사라져야만 새로운 생명이 탄생할 수 있다.

유행이나 새로운 가치를 덧없는 것, 위험한 것, 무가치한 것으로 폄하하는 성격은 관계의 문제를 야기한다. 외골수인 사람은 자신의 분야에서 중요한 역할을 하나, 그 성향으로 인해 타인의 관점이나 생각과 타협하는 것이 어렵다. 자기주장이 강하여 타인의 입장을 거의 고려하지 않으며, 자신의 것과 자신의 세계 외에는 별 의미가 없다고 여긴다. 이러한 내담자는 자신이 직접 미술치료를 찾기보다는 가족이나 동료들이 갈등을 겪어 찾아오는 경우가 더 많다. 보수적이고 고지식하며 타인의

〈지리학자〉

가치를 폄하하는 경향이 강하여 결과적으로 가족이나 지인들과의 의사소통에 어려움이 생기고 관계의 문제가 심화된다. 이런 사람은 의사소통 문제로 가족치료를 받는 경우도 있는데, 이런 상황에서도 자신의 주장을 고집하면서 자신이 아닌 가족이 문제라고 한다. '어린왕자 집단미술치료'의 참여자들은 권위의 왕과 지리학자가 공통된 부분을 많이 가지고 있다고 말한다.

주제 1. 고집
• 자신의 고집 이미지 그리기/콜라주/만들기

주제 2. 고집쟁이
• 고집쟁이 이미지 과장하여 그리기/콜라주/만들기

✦ 10~15장 전체 주제

주제 1. 이해 안 되는 인물에게 필요한 것

① 치료사가 10~15장에 나온 각 별의 인물에 대해 이야기 들려 주기

② 두 명의 파트너를 정해 각자 가장 이해가 안 되는 인물 선택하기

- A: 가장 이해가 안 되는 인물을 선택한 후 "이 사람이 도무지 이해가 안 된다."라고 말함. 그 성격과 행동에 대해 이해가 안 되는 부분을 생각나는 대로 모두 말하고 자신의 감정도 말함
- B: A의 말에 귀 기울여 들으면서 "그렇구나!"로 반응

③ 5분 후 역할 바꾸어 그대로 하기

④ 대화 나누기

- A와 B는 그들이 선택한 사람이 왜 그렇게 되었는지 원인을 살피며 서로 이야기 나누기

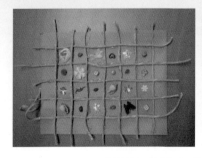 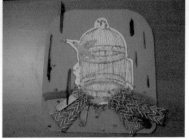

⫶ 주제 1. 〈 이해 안 되는 인물에게 필요한 것 〉

⑤ 필요한 것 그리기

• A와 B는 파트너의 '이해되지 않는 사람'에게 가장 필요한 것을 그려 주기

주제 2. 이해 안 되는 인물: 집단 작업

• 집단원은 이해가 안 되는 별의 인물 선정
• 이해가 안 되는 인물을 똑같이 선정한 집단원끼리 종이(2절~전지)에 이해가
  안 되는 인물에 대한 감정을 대화하지 않고 함께 그리기
• 완성 후 그와 함께 촉발된 감정이나 대상을 향하여 "이해가 안 된다."라고 소리
  치며 하고 싶은 말 마음껏 하기
• 그림과 감정 표현에 대해 피드백 나누기

주제 2. 〈이해 안 되는 인물〉

16
지 구

일곱 번째 별은 지구다. 지구는 이제까지 어린왕자가 찾아간 별과 다르게 왕이 111명, 지리학자 7,000명, 실업가 90만 명, 술꾼 750만 명, 허풍쟁이 3억 1,100만 명을 비롯해 약 20억 명의 어른이 살고 있다.

지구는 여섯 개의 대륙이 있는데, 전기가 발명되기 전까지는 가로등 켜는 사람이 46만 2,511명으로 군대만큼 많았다고 한다. 그렇기 때문에 좀 떨어진 곳에서 지구를 바라보면 눈부실 정도로 아름다운 광경이 연출된다. 뉴질랜드와 오스트리아의 가로등 켜는 사람이 제일 먼저 나타나 불을 켰다가 시간이 지나 불을 끄면 중국과 시베리아의 가로등 켜는 사람들이 춤을 추듯 불을 켰다가 시간이 지나면 불을 끄고 지구라는 무대에서 사라진다. 그다음은 러시아와 인도에서 불이 켜지고 얼마 후 아프리카와 유럽에 가로등 켜는 사람들이 나타난다. 그다음에는 남아메리카, 그다음은 북아메리카 순으로 가로등이 켜지고 꺼진다. 이러한 순서는 변함없으며 이러한 광경은 아름다움 그 자체다.

북극과 남극에는 가로등 켜는 사람이 단 한 사람이며, 이들은 1년에 두 번만 일을 하기 때문에 여유롭고 태평스럽게 지낸다.

비행사는 어린왕자가 찾은 일곱 번째 별인 지구에 대해 소개한다. 인구와 대륙, 대륙 간의 시차를 가로등 켜는 사람들의 춤으로 묘사한다. 이런 지구를 멀리서 보면 눈부시고 멋있으며, 밤과 낮은 오페라 발레단처럼 질서 정연한 순서대로 아름답게 움직인다.

어린왕자가 그동안 방문했던 별과는 달리 평판이 좋다는 지구는 그가 그동안 이상하고 이해가 안 된다고 여겼던 인물들이 엄청나게 많이 살고 있다. 그중에서도 허영심이 가득 찬 사람들이 가장 많다는 것을 되새겨 볼 만하다.

또한 여섯 대륙의 소개를 통해 지구에서는 시간과 질서가 중요한 의미를 지닌다는 것을 말하고 있다.

오늘날 사람들은 낮과 밤의 차이를 모르고 지내는 경우가 많다. 불야성은 대도시에만 있는 것이 아니라, 스마트폰이 모든 사람에게 밤이란 없다는 메시지와 알람을 지속적으로 보낸다. 이 대륙과 저 대륙의 시간차란 더 이상 존재하지 않는다.

미술치료에서는 수면 부족이나 불면증으로 인한 수면장애로 고통받는 내담자가 적지 않다. 하루 종일 교감신경이 활성화되어 있고 심신의 이완이 거의 없는 상태는 심신에 심각한 문제를 야기한다. 이런 내담자는 피로감과 집중력이 부족할 뿐만 아니라 매사가 짜증스럽고 의욕이 없다고 토로한다. 불면증에는 여러 원인이 있겠지만 특히 현대 사회에서는 심리적·환경적 요인이 큰 몫을 차지한다. 이와 관련하여 명상적이고 심신 이완적인 미술치료, 예를 들어 만다라 미술치료에 접근함으로써 수면 부족이나 수면장애를 갖고 있는 내담자에게 치료적 효과를 줄 수 있다.

주제 1. 나의 별
• 자신이 소망하고 상상하는 자기의 별 그리기/'나의 별' 그림을 보고 글쓰기

주제 2. 지구 별
• 우주에서 본 지구 별 그리기

:: 주제 1. 〈나의 별〉

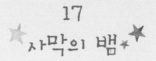

17
사막의 뱀

어린왕자는 지구에 도착하지만 사람을 전혀 보지 못해, 길을 잘못 든 것 같아 겁이 난다. 그때 그는 달빛을 띤 둥근 고리가 모래에서 움직이는 것을 보고 그 존재에게 인사를 한다. 모습을 드러낸 뱀이 인사에 답하자, 어린왕자는 이곳이 어디인지 묻는다. 뱀은 이곳은 아프리카 사막이며, 지구에는 사람이 살지 않는 사막이 있다고 알려 준다.

어린왕자는 뱀에게 자신은 멀리 있는 별에서 왔다며 자기 별 이야기를 계속한다. 뱀은 별이 아름답다고 하며 어린왕자가 왜 지구에 왔는지 묻는다. 어린왕자가 꽃과 다투었기 때문이라고 대답하자, 뱀은 "아!" 하고 짧게 반응한다. 어린왕자는 사람들이 어디에 있는지 물으며, 사막에선 좀 외롭다고 말한다. 뱀은 사람들이 있어도 외롭기는 마찬가지라고 답한다.

어린왕자는 이야기를 나누면서 뱀에게 관심을 보인다. "넌 재미있게 생겼구나……. 손가락처럼 가늘고……." 그러자 뱀은 왕의 손가락보다 자신의 힘이 더 세다고 말한다. 어린왕자는 뱀이 발도 없고 여행도 할 수 없어 그렇게 셀 것이라고 믿지 않는다. 그러자 뱀은 자신이 배보다 더 먼 곳으로 어린왕자를 데려다줄 수 있다며, 자기 몸을 팔찌처럼 만들어 어린왕자의 발목을 휘감는다. 그리고 뱀은 누군가가 자기를 건드리면 없앨 수 있다고 말한다. 그러나 뱀은 어린왕자가 순수하고 다른 별에서 왔으며 또 약한 모습으로 지구에 온 것을 측은하게 여겨, 그가 고향에 돌아가고 싶으면 언제라도 도와줄 수 있으며 어떤 것이든 해결해 줄 수 있다고 말한다.

어린왕자가 사막에서 처음 만난 존재는 뱀이다. 뱀은 비행사가 여섯 살 때 그림책에서 코끼리를 잡아먹은 것을 보고 그렸던 존재다. 그러나 사막의 뱀은 비행사가 책에서 본 뱀과 달리 대화를 하고 힘자랑을 한다. 뱀은 그 힘으로 사람을 없앨 수도 있지만 도움을 줄 수도 있다고 말한다. 어릴 적 비행사는 책에서 뱀이 야생동물을 집어삼키는 것을 본 무서운 기억과 두려움 때문에 코끼리를 잡아먹은 뱀을 그렸으나, 어른들이 그것을 뱀으로 봐 주지 않고 무서움을 몰라 줘서 마음의 상처가 있다. 그러나 어린왕자의 지구 여행길에 처음으로 등장한 뱀은 자신이 그렇게 무섭고 나쁜 면만 있지 않다는 것을 알려 준다.

어린왕자가 지구에서 처음 도착한 곳은 사막이다. 어린왕자는 그곳에서 처음으로 뱀과 만난다. 비행사가 불시착한 곳이 사막이고 어린왕자가 세상을 경험하기 위해 찾은 마지막 별의 첫 도착지도 사막이다. 동화 속의 두 존재 모두 자기 의식과 의지와는 상관없이 사막에 있게 된다.

사막은 생존에 필요한 것이 거의 없는 곳이다. Kast(1992)에 의하면, 사막은 자신과 무자비하게 직면하여 자신의 정신을 확장시킬 수 있는 곳이다. Kast는 사막에서 우리 안에 있는 신성을 경험할지, 허무함을 경험할지, 자기 존재의 온전함이 빛을 발할지는 확실하지 않다고 한다. 그러나 사막에서의 삶은 단순하고, 인간의 욕구는 기본적 욕구로 한정된다. 그러한 단순함은 인간 영혼의 단순성으로서 경험될 수 있거나 그것을 열망하게 할 수 있다. Kast는 사막에서 군더더기는 중요하지 않게 되고, 가장 중요한 것에 초점을 맞추게 된다고 한다. 그런 의미에서 사막은 새로운 시작의 가능성을 제시하는 곳이다.

비행사가 어른으로서 자신의 삶을 들여다보려는 무의식적 욕구와 어린왕자가 자신을 찾아가는 여행은 서로 연결된다. 비행사의 어린 시절이 어린왕자를 통해서 기억되고 그와 연결된 감정도 표출된다. 이런 우연과 새로운 가능성은 전혀 다른 곳이 아니라, 자신의 무의식, 잊고 있던 기억, 감정의 뿌리와 연결되어 있다는 것을 암시한다.

뱀은 다양하고 중요한 상징을 지닌 양면적 존재로 다음의 특성을 지닌다(Becker, 1998; Cooper, 2003). 뱀은 새처럼 알에서 태어나 다리 없이 땅과 물속을 돌아다닌다. 뱀은 찬 동물로 껍질은 빛나며 자신과 다른 존재를 휘감을 수 있다. 뱀의 침은 독을 품기도 하는데, 이 독이 때로는 치유를 위해 사용되기도 한다.

뱀은 식물의 성장에 도움을 주고, 규칙적으로 자신의 허물을 벗기때문에 지속적인 재생력과 행운과 지혜를 상징한다. 반면 뱀은 불운을 가져오고 사악한 존재로 죄의 상징이기도 하다.

뱀은 지상의 존재이자 인간에 대항하는 존재인 동시에 성스러운 지역이나 지하세계를 보호하는 신으로 추앙받기도 하는 영적 동물이다. 그리고 집에 행운을, 사람에게 정력을 주기도 한다. 뱀은 "태고의 미분화한 혼돈"을 나타내고 "세계를 지배하고 유지하거나 또는 현현과 재흡수의 순환 상징인 우로보로즈"(Cooper, 2003)인 우주론적 존재다. 또한 뱀은 '날카로운 통찰력을 가진 눈으로서 인간의 내적 본성과 양심'을 상징한다. "뱀 지팡이에 감겨 있는 두 마리의 뱀은 치유와 독, 질병과 건강, '자연을 정복하는 자연'으로서 동종요법적인 대립하는 힘"을 나타낸다. 여러 민족에게 뱀은 치유를 상징한다.

뱀은 남성적 상징과 여성적 상징의 두 면을 지닌다. 남성의 성기와 닮은 전체 형상은 남성, 다른 것을 산 채로 삼키는 배의 형상은 여성을 상징한다. 인도에서 쿤달리니 뱀은 척추의 가장 아랫부분에 존재하며 우주적 에너지가 자리 잡은 집으로 생명을 나타낸다. 중미 지역에서 뱀은 밤과 낮을 합일시키며 우주의 상징이기도 하다. 중국에서 뱀은 땅과 물로 연결됨으로써 음을 나타낸다. 아프리카에서는 뱀이 생명력과 신성을 지닌 존재다. 정신분석적으로 볼 때 뱀은 리비도의 상징이다.

우리는 자신의 양면성을 자주 경험한다. 자신의 자원과 강점도 인식하지만, 자신이 단점과 약점을 지닌 존재라는 것도 알고 있다. 자신 안의 양면성을 강하게 느낄 때는 언제인가?

뱀은 아동 미술치료, 특히 치료 초기에 즐겨 표현되는 자유 주제다. 위축되고 소심한 아이나 분노와 공격성이 많은 아이 모두 뱀을 즐겨 표현한다. 아이들은 힘이 세며 혀를 날름거리는 아주 긴 뱀을 그리거나 만들기를 좋아한다. 뱀은 아이들에게 자신을 두렵고 무섭게 한 힘 있는 존재로 상징화된다. 이때 아이들은 자신이 겪은 무서운 상황을 뱀이라는 대체 존재로 표현한다. 그러나 다른 한편으로 아이들은 뱀을 그려 자신도 그러한 힘을 행사하는 존재로 인정받고 싶거나, 그러한 힘과 자기를 동일시하여 자기를 두렵게 한 대상에게 힘자랑을 하고 싶은 욕구를 표현하기도 한다. 이러한 점은 "뱀을 가지고 노는 어린이는 '낙원 회복', 대립과 갈등으로부터의 자유로움"(Cooper, 2003)을 의미한다는 상징과 결부시킬 수 있다. 미술치료에서 아이들이 표현하는 뱀은 자신이 겪은 두려움과 대립과 갈등으로부터 벗어나 자유롭고 싶은 무의식적 욕구의 표현이 될 수 있다. 이러한 투사는 성인 내담자에게도 적용될 수 있다.

미술치료에서 뱀의 등장은 힘에 대한 내담자의 갈등일 수 있다. 또한 뱀이 지혜와 새로운 힘, 내적 갈등에 대한 치유의 힘을 준다는 것을 무의식적으로 표현하는 사례도 있다. 이러한 현상은 뱀이 양면적 속성과 치유적 상징을 지닌다는 것을 재인식하게 해 준다.

주제 1. 뱀

• 인상적으로 보았던 뱀 혹은 뱀의 이미지 그리기/만들기
• 1장의 코끼리를 삼킨 뱀 따라 그리기

주제 2. 이중성

• 자기 안의 이중성 찾아 글쓰기/이미지 그리기/만들기

⠿ 주제 1. 〈뱀〉

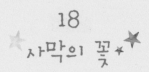

18
사막의 꽃

어린왕자는 뱀과 헤어지고 사막을 걷다가 석 장의 꽃잎만 가진 볼품 없는 꽃 한 송이를 만난다. 어린왕자는 꽃과 인사를 나누며 사람들이 어디 있는지 물어본다. 꽃은 몇 년 전에 예닐곱 사람이 지나간 것을 기 억하지만 어디서 그들을 찾을지 모르며, 바람이 그 사람들을 날려 버렸 다고 한다. 꽃은 그들이 뿌리가 없어 아주 어렵게 살고 있다고 말한다.

사막의 볼품없는 꽃은 뿌리를 내리지 못하여 바람에 실려가 버리는 존재에 대해 이야기한다. 어린왕자는 자기 별의 꽃을 생각하며 바람이 무섭다던 장미가 뿌리를 잘 내렸을지 걱정할 것이다.

　사막에 사는 꽃은 어떤 존재이며 어떻게 살고 있는가? 사막에서 어떻게 살아서 지나가는 사람들을 보고 이야기하며 그들의 삶을 알게 되었을까? 외양은 허름하지만 극도의 어려운 환경, 물이 거의 없는 환경에서도 뿌리를 내리고 사는 꽃의 생존 능력과 성장력은 무엇일까? 사막의 꽃은 살아남기 위해 뿌리가 중요하다는 것을 알기 때문에, 지나가는 사람들의 삶의 뿌리에 대해 이야기할 수 있다. 사막의 꽃은 인생에서 뿌리의 중요성과 뿌리내리기의 어려움을 알려 준다.

　우리는 어디서 어떻게 뿌리를 내리고 있는가? 자기 내면의 뿌리는 무엇인가? 어려운 상황에도 세상에 뿌리내릴 수 있는 자신의 힘은 무엇인가?

　치료사는 내담자가 자신의 삶에 뿌리를 내릴 수 있는 방안을 함께 찾는다. 사막의 꽃은 보이는 것보다 보이지 않는 뿌리의 견고함이 얼마나 중요한지 암시한다.

　자신의 뿌리, 즉 삶을 지탱하고 자라게 해 주는 보이지 않는 영양분으로서의 뿌리는 어떤 것들인가? 보이지 않는 곳에서 자신을 자라게 한 뿌리는 무엇인가? 치료사는 내담자의 삶의 뿌리, 심리적 뿌리내리기를 발견할 수 있도록 돕는다.

주제 1. 나의 나무
• 자신이 어려웠던 상황을 나무로 이미지화하여 그리기

주제 2. 뿌리
• 나무나 꽃의 뿌리 그리기/점토나 입체 재료로 뿌리 만들기

⋮ 주제 1. 〈나의 나무〉

19
산과 메아리

어린왕자는 길을 가다 자기 별에서 볼 수 없는 높은 산을 만난다. 그는 높은 산에서는 지구 전체와 사람들을 한눈에 볼 수 있으리라 생각하고 산을 오른다. 그러나 산꼭대기에서는 바늘처럼 뾰족한 다른 산봉우리들 외에는 아무것도 보이지 않는다.

어린왕자는 무턱대고 사방을 향하여 "안녕." 하고 인사를 한다. 그러자 여기저기서 "안녕…… 안녕…… 안녕……." 하고 메아리가 들린다.

어린왕자는 그 소리를 듣고 "너는 누구니?" 하고 묻는다. 다시 "너는 누구니…… 너는 누구니…… 너는 누구니……." 하고 메아리가 들려온다.

어린왕자가 "내 친구가 되어 줘……. 나는 외로워." 하고 말하자 "나는 외로워." 하는 메아리가 여기저기서 들린다.

어린왕자는 '참 이상한 별이구나!' 하며 이 별은 완전히 메말라 있고 모두 뾰족뾰족하고 아주 황량하고 험하다는 생각을 한다. 또 어린왕자는 "사람들은 상상력이 없어. 그들은 자신들에게 한 말을 되풀이하기만 하고……. 내 별에 있는 꽃은 언제나 먼저 말을 하는데……."라고 혼자 중얼거린다.

높은 산을 오르는 것은 사막으로 가는 것과 마찬가지로 자기 삶을 돌아보고 자신의 본래 모습을 찾는 시도다. 어린왕자는 높은 산에 올라 자기 존재에 대한 질문을 던진 후, "너는 누구니?"라는 메아리의 질문을 되받는다.

자신의 존재에 대한 물음을 던진 어린왕자는 고향을 떠나 낯선 곳에서 이해되지 않는 성격의 사람들을 만난 후, 지구별에 와서 오랫동안 사람을 만나지 못하자 외로움을 느낀다. 그는 험하고 높은 산에서 "너는 누구니?"라고 묻고 "나는 외로워……."라며 친구가 필요하다고 외친다.

'나는 누구인가?'는 고독 속에서 자신의 존재, 신의 존재를 찾는 명상가, 구루, 현자의 질문과 다르지 않다. 이것은 실존에 대한 물음이자 자기이해를 위한 물음이다. 어린왕자는 사람이 없고 길이 보이지 않으며 목마름을 심하게 느끼는 상황에서 자신의 존재, 삶에 대해 진지하게 묻기 시작한다. 어린왕자는 처음 도착했던 소혹성에서는 상대방에게 질문을 하였지만, 이제는 자신에 대해서 질문한다.

스스로 자신에 대해 묻고 자신과 대면하는 시간은 힘들고 고통스러운 상황에서 더욱더 간절하고 강하다. 우리는 자신이 처한 현실과 자기 존재에 대해 묻지 않을 수 없는 상황과 맞닥뜨릴 때가 있다. 그러나 그런 상황이 내적 성숙과 풍요로움을 위한 중요한 시간이라는 것을 의식하지 못한 채 물을 수도 있다.

Neruda(2008)는 그의 시에서 "나는 터널처럼 외로웠다."라는 표현을 한다. 외로움은 언제, 어떤 상황에서 느끼는가? 혼자라고 느껴질 때나 혼자 내버려진 느낌이 들 때는 언제인가? 우리는 가까운 사람과의 관계에서 외로움을 더 많이 느낄 수 있다. 가깝다고 생각했던 사람과 마음을 나눌 수 없을 때, 혼자라는 느낌은 말로 표현하고 전달할 수 없는 감정이 되어 버린다.

아무도 자신의 마음을 알아주지 않을 때, 가족의 무표정한 얼굴이나 뒷모습을 볼 때, 장성한 자녀들이 자신의 둥지를 떠날 때, 남편이나 부인의 마음을 알 수 없을 때, 가족을 떠나 혼자 생활할 때, 마음을 나눌 친구가 없을 때, 오랜 친구가 세상을 떠났을 때, 사랑하는 사람과 헤어졌을 때, 직장에서 마음이 맞거나 공감해 주는 동료가 없다고 생각될 때, 우리는 외로움에 빠진다. 혼자라는 느낌이 들면, 세상은 그 전과 다르게 보인다. 가까웠던 사람들이 떠나고 나는 빈 터널처럼 남겨져 있다는 느낌이 든다.

외로울 때 우리는 어떻게 하는가? 우리는 외롭다고 말하기를 꺼리거나 아예 말하지 않는다. 외롭다는 감정을 자신의 열등한 정서 기능으로 여기는 경우가 많다. '나는 외롭다'라는 말은 자신의 부끄러운 면, 열등한 면, 그림자를 보여 주는 것 같아 애써 감추려 한다. 그런 상황에서 외로움을 감추기 위해 혹은 외로워 보이지 않으려고 다양한 대체물을 사용한다. 우리는 의식적이든 무의식적이든 외로움의 대체물로 어떤 것을 선택하여 그것에 몰두하기 쉽다. 외로움을 부인하거나 합리화하기 위한 방어기제가 생기게 된다.

외로움을 대면하기 어렵거나 인정하기 싫어 억눌러 버리거나 부정하고 다른 대체물로 때우는 습관이 계속되면 문제가 된다. 외로운 감정을 허영심이나 외적 치장 혹은 합리적이고 이성적인 방법으로 숨기려 한다. 외로움을 벗어나기 위해 대체물에 몰두하면 일시적 만족만 있을 뿐 외로움은 자신을 떠나지 않고 따라다닌다. 또는 외로움의 원인을 다른 사람의 탓으로 돌릴 수도 있다. 누군가 자신의 외로운 감정을 보살펴 주기를 바라는 행동이 이해받지 못하면 더욱 외로워지는 악순환이 될 수 있다. 이러한 외로움은 우울함이나 불안, 슬픔으로 자신을 뒤덮을 수도 있다.

외로움은 자신을 들여다봐 달라고 내면에서 계속하여 말을 걸어 온다. 외로움에서 벗어나려고 발버둥 치는 것은 자신의 중요한 감정의 일부를 없애 버리려는 헛된 노력과 같다.

외로움은 인간이 본래부터 지니고 있는 감정이다. 외롭다는 것을 인식하고 받아들이는 과정은 중요하다. 자신에게 스스로 외롭다고 말할 때, 힘들지만 자신과 더 친밀한 관계를 나눌 수 있다. 외로움은 우리 내면의 오랜 친구다. 마음 안에 외로움을 받아들이고 외로움이 머물 자리를 마련하고 그것을 살펴 줄 수 있을 때, 외로움은 또 다른 모습으로 우리에게 말을 건다. 이러한 과정을 통해 우리는 심리적 성장을 하게 된다.

외로움은 예술의 영원한 주제다. 외로움에 관한 노래를 듣거나 시를 읽으면서 바로 내 이야기라며 공감하고 가슴이 뭉클했거나 눈물을 흘린 적이 있을 것이다. 그것은 외로움이 우리 내면의 동반자이기 때문이다.

외로움은 나의 삶에 어떤 영향을 끼치는가? 외로움은 삶에 대한 새로운 시선을 갖기 위한 중요한 자원이다. 외로움과 직면하는 것은 묵상과 같다. 외로움은 다양한 감정 표현의 핵심이자 중심이기도 하다. 외로움은 결코 벗어날 수 없으며 또 벗어나려고 하지 않아야 한다. 외로움이 나에게 노크를 할 때 그 문을 열어 주면, 외로움은 나에게 '너의 내면과 만나라.' 또는 '네 인생의 새로운 여정을 출발하라.'라고 말해 준다.

어린왕자는 "나는 외로워."라고 외침으로써 자신의 깊은 곳에 있던 감정을 표출하고 좀 더 자유로워질 수 있다. 이 말은 삶에 중요한 감정이 있다는 것을 알려 주며 자신이 살아 있다는 것을 전해 준다.

외로움은 미술치료에서 항상 만나는 주제다. 심리적 갈등과 고통을 겪는 내담자는 외로움이 깊어진 상태로 미술치료에 오는 경우가 많다. 내담자는 자주 외로움과 관련된 다른 감정들인 소외감, 불안, 슬픔, 화, 분노, 우울, 무력감을 먼저 표현한다. 내담자는 그러한 감정들의 이면에는 외로움이 있다는 것을 치료 과정 중에 인식하게 된다. 미술치료사는 내담자의 외로움을 알아차리고 그와 관련된 감정들을 다루는 치료적 개입을 고려해야 한다. 외로움은 내담자를 이해하는 중요한 정보가 된다.

미술치료사가 내담자의 외로움을 들어 주고 외로움과 대화를 나눌 수 있기 위해서는 치료사 자신의 외로움을 먼저 들여다보는 것이 필요하다. 자신의 외로움과 만나 성장하지 않으면 치료사는 내담자가 외로움으로 인하여 받은 상처나 고통의 의미에 다가가기 힘들다. 또한 내담자가 외로움과 관련된 투사를 할 때, 미술치료사에게는 심리적 역전이가 나타날 수도 있다.

주제 1. 외로움

① 외로움 그리기

• 살면서 외로웠던 상황 혹은 현재 외롭다고 느끼는 상황을 이미지로 묘사하기
• 자신의 모습도 이미지에 포함시킬 수 있음

② 공감의 글쓰기

• 완성 후 돌아가며 다른 사람의 '외로움' 작품을 보고 공감해 주는 글, 메모, 단상을 써서 작품 아래 보이지 않게 넣어 두기
• 집단원은 자기 자리에 돌아와서 집단원이 써 준 글 읽기

③ 작품 감상과 대화

• 자기 작품과 받은 글에 대해 이야기 나누기

주제 2. **외로움과 위로**
• 외로움을 공감해 줄 수 있는 혹은 외로울 때 위로가 되는 이미지 표현

주제 3. 외로움의 자원
• 자신이 겪은 외로움이 자신에게 중요한 자원이 될 수 있는 상황 그리기

주제 4. 외로움과 만남
• 어렵거나 외로운 상황에 내가 만난 귀한 존재, 그가 한 말을 기억하여 글쓰기/그리기

주제 1. 〈외로움〉

20
장미 정원

어린왕자는 지구에서 오랫동안 모래, 바위, 눈이 있는 곳들을 거친 후에 마침내 사람들이 사는 길을 발견한다. 그는 장미꽃이 가득 피어 있는 정원을 발견하고 꽃들에게 인사한다. 어린왕자가 자기 별의 꽃과 흡사한 꽃들에게 "너희는 누구니?"라고 놀라서 묻자, 모두가 "우리는 장미꽃"이라고 대답한다.

어린왕자는 아주 슬퍼졌다. 자기 별의 꽃은 자신이 세상에서 유일하며 어디에도 닮은 꽃은 없다고 했는데, 지구의 정원에 그런 꽃이 수천송이 모여 있지 않은가! 그는 자신이 단 하나밖에 없는 귀한 꽃을 가지고 있는 부자인 줄 믿었다가, 그것이 평범한 꽃이라는 것에 실망한다. 어린왕자는 자기 별과 지구를 비교하면서도 실망한다. 그는 자신에게 있는 것들로는 훌륭한 왕이 될 수 없다고 생각하며 풀밭에 엎드려 운다.

어린왕자는 지구에 와서 오랜 시간이 흐른 후 마침내 사람들이 지나간 길을 발견하게 된다. 그 길을 따라가다 정원을 발견하고 자기 별의 꽃과 똑같은 수천 송이의 장미꽃이 있는 것을 보고 충격을 받는다.

어린 왕자는 자기 별의 꽃도 이 사실을 알면 상심하고 죄책감을 가질 것이라고 생각한다. 자신도 자기 별의 꽃이 유일한 꽃이라고 생각했는데 아주 평범한 꽃이며 자신이 가진 모든 것이 보잘것없는 것이라며 실망하고 소리 내어 운다.

우리는 다른 사람의 삶, 지위, 부, 명예 등을 보면서 부러워하고 자신과 비교하며 실망할 수 있다. 이러한 비교를 통해서 자기신뢰, 자신감, 자존감이 떨어지고 열등감과 평범함에 대한 실망, 회의감이 든다. 자기 존재에 대한 실망은 다양한 행동 패턴으로 나타날 수 있다. 모든 것에 불만스러워하고 투덜대거나, 화를 내거나, 시무룩한 표정과 행동을 하거나, 권위적이 되거나, 혹은 마음의 벽 쌓기, 힘자랑, 뽐내기, 허세, 일벌레 등으로 자신을 포장한다. 자신의 현재를 부정하고 자포자기를 하거나 미래에 특별한 존재가 되기를 갈망한다. 항상 더 많이, 더 높이, 더 근사한 것을 바라고 살기 때문에 현재에 만족하지 못한다. 오늘날의 경쟁 사회에서는 현재에 만족하여 안주하지 말라고 부추긴다. 미래만 보면서 살라고 요구한다.

Adler(1985)에 의하면 인간의 열등감은 인간을 성숙하게 만들고 삶에서 좋은 자원으로 자라게 할 수 있는 기반이 된다. 우리는 수천 송이의 이름 없는 장미와 같은 존재가 아닌 유일한 존재라는 것을 알아 가는 과정에 있다. 좌절감, 열등감을 부끄럽고 가리고 싶은 감정으로만 안고 있을 것이 아니라, 그것을 바라보며 자신은 어떤 존재인지, 어떻게 성장해야 할 것인지, 어떻게 살아야 할 것인지를 찾아야 한다. 이는 정체성의 문제다. 정체성의 혼란은 삶의 위기이기도 하지만 새로운 변화를 위한 과정이기도 하다.

우리는 장애가 있음에도 자신과 삶에 대한 믿음을 창조적 · 열정적 정신으로 승화시킨 사람들에 대해 알고 있다. 어렵고 힘든 상황을 이겨내는 사람들을 보면서 감동을 받고 자신의 삶을 다시 돌아보며 힘을 얻는 경우가 있지 않은가! 차별의식, 비교하기, 열등감도 외로움처럼 다른 대체물을 찾을 것이 아니라, 그것들을 대면하고 들여다볼 필요가 있다.

미술치료 내담자 중에는 가족, 친구, 사회에서 비교와 차별로 인하여 상처받은 경우가 많다. 이러한 비교와 차별은 어릴 적부터 가족 내에서 경험하여 성인이 되어 그 뿌리가 깊게 박혀 있는 경우가 많다. 형제자매 중 한 사람이 모든 면에서 뛰어나 항상 칭찬과 자랑의 중심에 있을 때, 다른 형제자매는 자연히 비교의 대상, 열등의 대상이 된다. 또는 어려서

부터 자랑의 대상으로 살았던 부모들이 자녀에게 그들과 같기를 요구할 때도 같은 현상이 나타난다. 이러한 비교로 인해 결국 한 대상은 자기 중심적 성향을 갖게 되고, 다른 대상은 열등의식의 뿌리를 내리게 된다.

비교와 차별로 인하여 상처받는 대상은 두 존재 모두다. 교육과 양육의 문제로 삶에 뿌리를 내리지 못해 휘청거리는 내담자에게는 그가 다른 존재와 비교될 대상으로 태어난 것이 아니라 그만의 고유성을 지니고 있다는 것을 일깨워 정체성을 찾도록 도와주어야 한다. 내담자가 자신의 뿌리를 가진 자기만의 꽃을 피우는 존재라는 것을 인식하도록 하는 것이 치료의 목표가 된다.

주제 1. 나의 정체성
• 자신이 찾는 정체성 이미지/만들기

주제 2. 열등의식
• 자신의 열등한 부분 그리기

주제 3. 단점과 자원
• 자신의 단점이 자원으로 변화된 것 그리기
• 나를 성장하게 만든 것들은 무엇인가?

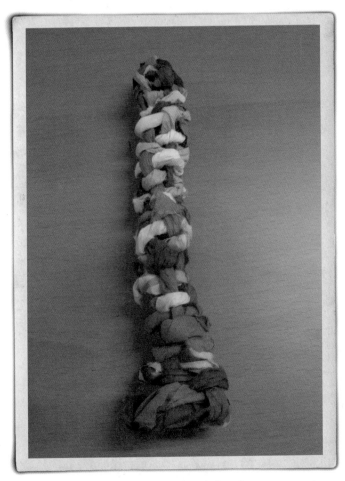

: 주제 1. 〈나의 정체성〉

21
여우와의 만남

어린왕자가 풀밭에 엎드려 울고 있을 때, 여우가 먼저 인사를 한다. 어린왕자는 인사에 답하며 돌아보지만 아무것도 보지 못한다. 여우가 "난 사과나무 밑에 있어."라며 모습을 보이자, 어린왕자는 누군지 묻는다.

여우가 자기를 소개하자 어린왕자는 슬프다며 함께 놀자고 한다. 그러나 여우는 "나는 길들여지지 않았기 때문에 안 돼."라며 거절한다. 어린왕자가 그 뜻을 묻자, 여우는 요즘은 많이 잊혔지만 '길들이는 것은 관계를 맺는 것'이라고 말해 준다.

여우는 자기에게 어린왕자는 수많은 소년 중에 한 소년일 뿐이고, 여우 자신도 어린왕자에게 수많은 여우 중에 한 여우일 뿐이라고 말한다. 그들이 아직 관계를 맺지 않았기 때문에 서로의 존재가 없어도 불편하지 않다는 것이다. 그러나 여우는 서로를 길들이며 관계를 맺게 되면 서로에게 오직 하나밖에 없는, 유일한 존재가 된다는 것을 알려 준다.

어린왕자는 그 말의 의미를 이해하기 시작하면서 자기 별의 꽃이 자신을 길들인 것 같다는 생각을 하게 된다.

여우는 서로에게 길들여지면 모든 것이 바뀔 수 있다고 말해 준다. "네가 나를 길들인다면 내 생활은 태양이 비치듯 환하게 밝아질 거야. 나는 모든 다른 발소리와 구별되는 발소리를 알게 될 거야. 다른 발소리들은 나를 땅 밑으로 기어들어 가게 만들어. 하지만 너의 발소리는 음악처럼 들려서 나를 굴 밖으로 나오게 할 거야……. 네가 나를 길들인다면 밀밭이 아주 멋지게 보일 거야. 금빛 밀밭을 보면 네가 기억날 거야. 그리고 나는 밀밭을 스치는 바람 소리도 사랑하게 될 거야……."

여우는 이 말을 한 뒤 어린왕자를 쳐다보며, "부탁이야…… 나를 길들여 줘!"라고 말한다. 어린왕자는 "그러고 싶지만 시간이 별로 없어. 친구들을 찾아야 하고 알아야 할 것도 아주 많아."라고 대답한다. 여우는 "우리는 길들인 것들만 알 수 있어. 사람들은 이제 더 이상 어떤 것을 알 시간이 없어. 그들은 상점에서 모든 완제품을 사거든. 그런데 친구를 파는 곳은 없어. 그래서 사람들은 더 이상 친구가 없어. 친구를 사귀고 싶다면 나를 길들여!"라고 말한다.

어린왕자가 그 방법을 묻자, 여우는 친구를 사귀려면 참을성이 있어야 하고 조금씩 다가가야 하며 약속과 시간을 지켜야 한다고 말한다. 그런 후 여우는 같은 시간에 규칙적으로 만나게 되면 기다림이 행복할 거라고 말한다.

"예를 들어, 네가 네 시에 온다면 난 세 시부터 행복하고 흥분하여 안절부절못할 거야. 나는 행복이 얼마나 귀한지를 알게 될 거야."

어린왕자와 여우는 이렇게 이야기를 나누면서 서로에게 길들여진다. 헤어질 때가 되자 서로 울먹이며 안타까워했지만, 서로에게 기억될 것들을 말한다. 여우는 어린왕자를 생각할 수 있는 노란 밀밭의 색깔을 얻게 되었다고 하며, 다시 정원의 장미꽃들을 보러 가라고 한다. 그곳에서 어린왕자의 별에 있는 장미가 이 세상에 단 하나밖에 없는 것임을 알게 될 것이라고 말해 준다.

그런 후 여우는 단순한 비밀을 한 가지 알려 준다. "단지 마음으로 볼 때만 잘 볼 수 있어. 중요한 것은 눈에 보이지 않아." 어린왕자는 이 말을 그대로 따라 한다.

"네가 장미꽃을 위해 써 버린 시간이 너의 장미를 그렇게 소중하게 만드는 거야." 어린왕자는 이 말도 그대로 따라 한다.

"사람들은 이런 진리를 잊어버렸어. 그러나 너는 그것을 잊어서는 안 돼. 너는 네가 길들인 것에 영원히 책임이 있어. 너는 너의 장미에게 책임이 있어……."

"나는 장미에게 책임이 있어."라고 어린왕자는 되뇐다. 그런 후 어린왕자는 여우와 헤어진다.

어린왕자가 자신과 자기 별의 존재에 대해 실망하고 좌절할 때, 여우와의 첫 만남이 시작된다. 어린왕자는 외로워서 여우에게 친구가 되어 달라고 하지만, 여우는 관계 맺는 것은 서로에게 길들여지는 것이라며 어린왕자의 요청을 바로 받아 주지 않는다. 여우는 관계 맺기의 중요성으로 참을성, 침묵하기, 점차적 접근, 규칙성, 그 존재를 위해 시간 내기와 책임지기를 말한다. 어린왕자와 친구가 된 후에 여우는 이러한 것은 소중하며 눈에 보이지 않는다고 알려 준다.

1장은 비행사의 어린 시절 이야기로, 비행사가 코끼리를 삼킨 뱀을 그렸으나 어른들은 그것을 모자로 여긴다. 어른이 된 비행사는 사막에서 양을 그려 달라는 어린아이의 부탁을 받고 양을 그렸다가 세 번 거절당한 후 양 대신 상자를 그려 준다. 그러자 어린아이는 그것이 바로 자기가 찾던 것이라며 반가워한다. 비행사는 어린 시절에 중요한 것은 눈에 보이지 않는다는 사실을 알았지만, 어른이 되면서 그것을 잊어버렸다. 그러다가 그는 사막에서 생존을 위해 고군분투하며 외로워하고 있을 때 어린아이와 새로운 만남을 시작한다. 어린왕자는 비행사에게 서서히 길들여지면서 여우가 전한 비밀을 이야기해 준다. 중요한 것은 눈으로 볼 수 없다는 것을……. 그러나 비행사는 어린왕자의 이야기를 듣고도 이러한 비밀이 자신의 어릴 적 그림 이야기와 관련 있다는 것을 인식하지 못한다.

여우는 우리 안의 지혜의 목소리다. 어린왕자가 여행에 지치고 가장 외로운 순간, 그 목소리가 여우의 모습으로 나타난다. 또한 비행사가 사막에서 위기 상황에 직면했을 때 어린왕자를 통해 여우의 이야기가 전해진다. 지혜는 우리 안에 있다가 우리가 외로움이나 좌절감과 마주할 때 불현듯 나타난다. 보이지 않는 것을 볼 수 있는 지혜는 이미 어린아이의 마음 안, 우리의 본성에 늘 존재해 왔던 것이다.

그림형제의 동화 『황금 새』에서는 인간이 권력이나 성공, 일상적 인식의 차원을 뛰어넘기 위해서는 여우의 모순적이고 '동물적인' 판단력을 듣는 것을 배워야 한다는 메시지를 전한다(Drewermann & Neuhaus, 1984). 『어린왕자』에서도 여우는 우리의 판단과 다른 직관적이고 확신에 찬 길을 알려 주는 존재다. 권력과 성공보다 중요한 것은 삶의 문제를 해결할 수 있는 지혜와 자신에 대한 믿음이라는 것을 여우를 통해 보여 준다.

여우가 있던 곳은 인식과 깨달음의 열매가 달려 있는 사과나무 아래다. 어린왕자는 자기 존재에 실망하고 여행을 떠나 여러 별을 돌아다니면서 이해할 수 없는 사람들을 만났고, 지구에 도착해서는 사람을 전혀 만나지 못하면서 지치고 외로운 상태였다. 그때 불현듯 사과나무 아래에서 여우가 나타난다. 마치 어린왕자를 계속 보고 있었던 존재인 것처럼……

어린왕자는 힘든 여정을 거치면서 '나는 누구인가?'를 묻고 외롭다고 말하는 시기에 여우를 만나 친구가 되면서 중요한 비밀을 알게 된다. 길들이기, 친구 되기, 기다리기, 참을성, 규칙, 마음으로 보지 않으면 보이지 않는 것, 눈에 보이지 않는 것 등등.

어린왕자는 여우와 친구가 되면서 자신이 자기 별의 장미를 애정으로 살펴 주고 장미의 이야기를 들어 준 것을 잊고 있었다는 사실을 깨닫는다. 어린왕자는 그 장미가 자신에게는 다른 수천 송이의 장미와는 다른 유일한 존재임을 깨닫게 되면서 그 사실을 당당하게 말할 수 있게 된다. 여우는 어린왕자 내면의 지혜가 말을 거는, 어린왕자의 마음에서 다시 깨어난 존재다. 그리고 비행사에게 어린왕자의 존재는 어린왕자의 여우와 같은 존재다.

Sansot(2000)는 "우정이란 순식간에 생겨나는 것이 아니다."라고 말한다. 그는 다른 사람에게 가까이 다가가기 위해서는 어느 정도 시간이 필요하며, 우정은 상대방이 "나의 삶, 나의 내부, 나의 영혼 속에 조금씩 파고 들어와서 마침내 내 삶의 동료가 되어야만 한다는 의미"라고 말한다. 그의 말은 우정은 자기 내면과도 친해져서 자신과 동료가 되는 것으로도 해석할 수 있다. 무엇보다 자기 안에 있던 그림자를 인식하고 그와 친해질 때 타인의 고유성과 존재를 받아들일 수 있을 것이다.

우리는 살아가면서 어린왕자의 여우와 같은 존재를 만난 적이 있을 것이다. 여우와 같은 존재는 우리가 의식하든 의식하지 않든 우리 삶의 어떤 부분에 힘과 용기와 믿음의 뿌리를 내리는 데 도움이 되었을 것이다. 살아가면서 자신을 설레게 하고 길들였으며 신뢰감을 주고 행복하게 해 준 그러한 존재를 기억하는 것은 우리 삶의 에너지를 돌보도록 한다. 이러한 돌봄은 자기 내면이 성장하도록 돌봐 주는 지혜다. 어린왕자와 여우가 질서의 문제를 중요하게 여긴 것도 이와 무관하지 않다.

Buber(1990)는 관계를 맺는다는 것은 택함을 받는 동시에 택하는 것이라고 한다. 서로를 길들이는 것은 내담자와 치료사의 관계에서도 중요한 요인이다. 내담자와 치료사, 치료사와 내담자 간의 주고받음, 주는 자의 역할과 받는 자의 역할은 항상 바뀔 수 있으며, 두 사람의 관계는 대화를 통하여 서로를 성장시킨다(Petersen, 2000). 여기에 치료사와 내담자의 동등한 관계의 만남이 이루어진다. Jung은 분석자에게 "당신이 영향을 받기가 쉽지 않다면 (내담자에게) 어떠한 영향도 발휘할 수 없다."(Samuels, Shorter, & Plaut, 2000)라고 말한다. 이것은 전이와 역전이의 관계가 되기도 하지만, 이러한 과정을 거쳐 서로 동맹 관계를 맺는, 소위 어린왕자와 여우가 맺은 우정과 같을 수 있다.

치료사는 치료 상황에서 자신이 습득한 지식을 한쪽에 제쳐 놓고 온전히 '지금-여기'의 순간을 가져야 한다. 그것은 치료사의 성실성, 경청, 직관, 통찰력이 활발하게 움직이는 순간이다. 치료 상황에서는 이미 만들어진 이론 모델을 그대로 사용해서는 안 된다. 완제품의 매뉴얼은 어디에도 없다. 치료사가 지식이나 매뉴얼에만 의존하게 되면 내담자와 진정성 있고 동등한 관계를 맺기 어렵다. 내담자는 수천 송이의 장미 무리가 아닌 유일한 장미이기 때문이다. 치료사가 내담자에게 접근하는 방법은 항상 새롭고 유일해야 한다. 과거의 치료 경험을 따르는 것은 치료적 융통성과 순발력을 줄 수 있으나, 다른 한편으로는 내담자를 유일한 장미가 아닌 수천 송이의 장미 무리로 보는 오류를 범할 수 있다.

치료적 관계에서 첫 번째 만남과 신뢰의 과정은 치료사를 깨어 있게 만드는 처방전과 같다. 이처럼 치료 상황에서 주의를 기울이는 것은 상호 간의 길들이기이며 관계 맺기의 중요한 요소라는 것을 여우는 여러 번 말하며 행동으로 옮기길 촉구한다. 내담자의 고유성은 치료사가 그에게 귀 기울이고 헌신하며 책임을 질 때 발견할 수 있다. 이러한 진리는 우리가 먼저 자신에 대해 발견하는 것이 전제되어야 한다는 것을 여우는 말해 준다.

치료사가 내담자의 태도와 말과 그림에 귀 기울이고 정성을 다하는 성실함, 한결같은 내적 책임과 의무는 치료 관계에 대한 치료사의 깨달음을 바탕으로 만들어지는 것이다. 치료사의 이러한 깨달음의 실천은 내담자만이 체험하고 의식할 수 있는 비밀이다. 깨달음은 치료사와 내담자의 실존적 만남을 이루어 준다. 내담자에 대해 평생 책임을 진다는 것은 특정한 치료 이론이나 의존적으로 기대게 하는 모성적 돌봄을 제공하는 것이 아니라, 내담자의 자조와 자립을 위해 도움을 주는 것이다 (Petersen, 2000). 치료사는 내담자가 어린왕자처럼 내면의 여행을 통하여 여우를 만날 수 있도록 동행한다.

주제 1. 여우

① 21장 낭독
- 집단원은 각자 돌아가며 읽고 싶은 만큼 낭독하기

② 나에게 어린왕자의 여우와 같은 존재 그리기/만들기
- 나를 길들인 존재, 나를 설레게 한 존재, 나에게 지혜와 깨달음 그리고 신뢰를 준 존재, 나에게 행복감을 느끼게 한 존재, 나에게 소중한 존재 떠올리기
- 사람 혹은 동식물로 여우와 같은 존재를 상징화하거나 상징적 형태로 만들기

③ 완성품 보며 글쓰기
- 여우와 같은 존재에게 글쓰기

④ 감상 및 피드백 나누기

• 감상 후 자신의 여우를 보여 주며 자신이 쓴 글 전체 혹은 일부 낭독하기

• 서로 피드백 나누기

주제 1. 〈여우〉

주제 2. 내면의 여우
• 나의 내면의 여우 그리기/만들기

대 화
• 어린왕자의 여우와 같은 존재로 자기 내면에 있는 여우는 어떤 것인가?
• 내가 외롭고 어려움에 처해 있을 때 내 존재를 찾게 해 준 나의 지혜는 무엇인가? 나의 고유성은 무엇인가?

주제 3. 치료사와 내담자
• 치료사인 나를 길들이고 지혜를 알려 준 내담자나 그런 치료 상황 그리기

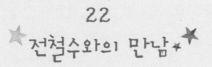

22
전철수와의 만남

어린왕자는 여우와 헤어지고 철도원인 전철수를 만난다. 어린왕자는
그가 무엇을 하고 있는지 묻는다. 전철수는 기차가 손님들을 실어 가도
록 안내하는 일을 한다고 대답한다. 어린왕자는 쏜살같이 빠른 기차가
오가는 것을 보며 기차를 탄 모든 사람이 몹시 바쁜데, 무엇을 찾고 있
기에 그렇게 바쁜 것인지 묻는다.

어린왕자가 전철수에게 기차에 탄 사람들은 자신들이 사는 곳이 마
음에 안 들어 떠나느냐고 묻자, 그는 그렇다고 대답한다. 그렇지만 사람
들은 시간의 기차를 타면 아무것도 하지 않고 잠을 자거나 하품을 하
고 있다고 한다.

어린왕자는 어린아이들은 자신들이 무엇을 찾고 있는지 알고 있고,
헝겊 인형을 가지고 놀면서 시간을 보내며, 그 인형을 소중하게 여기고,

사람들이 그것을 빼앗아 가면 운다고 말한다. 전철수는 그 말을 듣고 "아이들은 행복하구나."라고 말한다.

전철수는 오가는 삶의 시간이 얼마나 빠른지에 대해 알려 준다. 그렇지만 빠른 기차 안에 그리고 빠르게 흐르는 시간 안에 인형을 가지고 노는 어린아이가 있다는 것도 알려 준다. 자신이 가진 것을 소중하게 여기고 그것을 빼앗기면 울 줄 아는 아이는 우리 안의 행복의 원천인 내면아이다.

어린왕자는 여우를 만나 자신의 약점 혹은 그림자와 대면하여 그것과 화해할 뿐만 아니라, 자신의 자원을 인식하고 보이지 않는 것의 중요함을 깨달으면서 돌아갈 시간을 의식하게 된다. 어린왕자는 더 이상 정체성 혼란에 빠진 외로운 존재가 아니다. 그는 감정을 자연스럽게 표현하고 내적 힘을 얻게 된다.

어린왕자의 여행도 쏜살같이 달리는 기차처럼 빠르게 지나갔을 수도 있다. 아이는 우리 안에 존재하는 성장의 씨앗이며 뿌리이자 나무다. Wordsworth의 시처럼 "어린이는 어른의 아버지The child is father of the man"다. 어린이는 우리 성장의 자양분이다. 어린 시절의 자양분은 성장하는 과정에서 받은 고통, 갈등, 상처에도 불구하고 자기 본성에 뿌리 깊게, 보이지 않게 존재한다. 그것은 시간을 잊은 놀이와 함께 그렇게 존재한다. 중요한 것은 그것을 파 보아야 발견할 수 있다.

치료에서 내담자의 내면아이를 들여다보는 것은 내담자의 무의식을 깨우고 그림자를 밝은 곳으로 드러내는 것이다. 내담자는 치료를 통해 억압되어 무의식에 갇혀 있던 내면아이를 다시 만나게 된다. 적지 않은 내담자들이 치료 과정에서 치료사를 통해서 그리고 치료사와 함께 어릴 적 상처를 대면하고 회복되어 간다. 그들은 내면아이를 들여다보게 되면서 의식하지 못했던 에너지와 자양분이 자기 속에 뿌리내리고 있다는 것도 발견하게 된다. 내면아이에게는 두 가지 면이 모두 있다. 치료사는 내담자의 어린 시절 상처를 치료해 주고, 어린 시절 건강한 면을 회복하고 다시 발견할 수 있도록 도와준다.

주제 1. 장난감, 놀이
- 어릴 적 좋아했던 장난감 혹은 놀이 그리기/만들기
- 완성 후 피드백 나누기

주제 2. 현재의 장난감, 놀이, 취미
- 현재 자신이 좋아하는 장난감 혹은 놀이나 취미를 그리기/만들기

주제 1. 〈장난감, 놀이〉

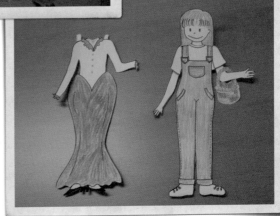

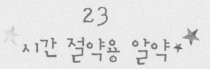

23
시간 절약용 알약

어린왕자는 길을 가다 갈증을 해소해 주는 새로운 알약을 파는 상인을 만난다. 누구나 이 약을 일주일에 한 알씩 먹으면 갈증을 전혀 느끼지 못한다. 어린왕자가 상인에게 약을 파는 이유를 묻자, 그는 이 약으로 매주 53분씩 시간을 절약할 수 있다고 한다.

시간을 절약해 주는 약!

어린왕자가 사람들은 절약한 시간으로 무엇을 하는지 묻자, 상인은 그들이 하고 싶은 것을 한다고 답한다. 어린왕자는 '나에게 여분의 53분이 있다면 신선한 물이 있는 샘으로 천천히 걸어갈 텐데……'라고 생각한다.

어린왕자는 여행 시간이 얼마 남지 않았다는 것을 느낀다. 그는 신선한 물이 있는 샘을 생각한다. 어린왕자는 여우를 만난 후 새로운 삶에

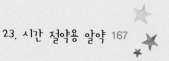

대한 기대를 가진다.

시간을 절약하는 약을 파는 약장수 이야기는 어린왕자가 비행사에게 들려준 마지막 이야기다. 비행사는 어린왕자의 이야기에 몰두하여 듣다가 자신도 샘물을 찾고 있다는 것을 깨닫는다. 이 두 존재는 실제의 샘물과 심리적 성장과 에너지를 준다고 믿는 샘물을 동시에 찾고 있다. 어린왕자와 여우가 그랬던 것처럼 어린왕자와 비행사도 서로에게 길들여져 있다. 사막에서 외로워하며 만난 두 존재는 이제 함께 신선한 물이 있는 샘을 찾으며, 서로 헤어질 시간이 얼마 남지 않았다는 것을 의식한다.

자신의 삶에서 정신적 · 심리적 목마름을 겪은 적이 있는가? 그 목마름은 어떤 것인가? 목마름을 해소하지 못해서 안타깝거나 억울하게 여긴 것은 무엇인가? 어린왕자처럼 자기 삶의 신선한 물이 있는 샘, 새로운 생명 에너지를 품고 있는 샘으로 나아가려는 생각은 지혜와 연결된다. 떠나게 되면, 시작하게 되면, 멀고 힘들어도 원기와 새로운 인식을 주는 물을 만나게 된다.

이 시기는 치료의 후기에 해당한다. 내담자가 미술치료를 통하여 자신의 문제와 갈등을 풀면서 심리적 목마름이 채워지는 것을 체험하는 시기다. 내담자는 이 시기에 그동안 고통에 짓눌려 잃어버렸다고 생각한 자신의 시간이 의미 없이 허비한 시간이 아니라는 것을 인식하며, 자신이 무엇을 원하는지 알게 된다. 또한 자신이 현실과 미래를 향해서 발을 내디딜 수 있으리라는 기대를 하게 된다.

주제 1. 나의 소망
① 이완과 호흡 명상

② 시각화 작업
• 호흡을 안정한 후 눈을 감은 채 치료사가 안내하는 상상 여행 듣기

"당신은 나무가 울창한 숲길을 걷고 있습니다.
숲의 나뭇잎들은 햇빛을 받아 반짝입니다.
숲의 바람은 당신의 몸과 마음을 부드럽게 어루만져 줍니다.
다람쥐가 경쾌하게 나무 위를 올라가고 있네요.
발 아래는 아름다운 꽃들이 색색이 피어 당신을 향해 미소 짓고 있습니다.
어디에선가 개울물 흐르는 소리가 들립니다.
숲의 향기를 느껴 보세요…….

당신의 눈길을 끄는 나무를 바라보세요.

천천히 그 나무에 다가가서 나무를 두 손으로 안아 보세요…….

그리고 나무에게 당신의 소망을 이야기하세요.

숲속의 지혜로운 나무는 당신의 소망을 들어줄 것입니다…….

이제 나무와 작별하고 우리가 있는 이곳으로 돌아옵니다.

숲과 부드러운 햇살이 편안하고 따뜻하게 당신을 동행합니다."

③ 눈을 뜬 후 자신이 소망한 것 그리기/만들기

주제 2. 나의 여유 시간
- 나에게 한 달의 여유가 주어진다면 하고 싶은 것 그리기/만들기
- 일상이나 일정 등을 떠나 온전히 자신만을 위한 시간이 된다고 상상하기

⠿ 주제 1. 〈나의 소망〉

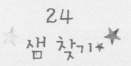

나는 어린왕자의 체험담을 듣고 이야기가 아름답다고 말한다. 비행기 사고가 난 지 여드레 되는 날, 수리는 끝나지 않았고 마실 물도 없는 상황에서 나는 "신선한 물이 있는 샘을 찾아 천천히 걸어갈 수 있다면 행복하겠다!"라고 말한다. 그러자 어린왕자는 "죽을 상황에도 친구가 있다는 건 좋은 일이야. 난 여우 친구가 있어 정말 기뻐……"라고 한다.

끝이 보이지 않는 사막에서 우물을 찾는 것이 바보스러웠지만 우리는 계속 걸어간다. 말없이 사막을 몇 시간 걷던 우리는 해가 지면서 별들이 나타나기 시작하자 열이 난 상태에서 꿈꾸듯 별들을 바라본다.

하루 종일 사막을 걸어 기진맥진해진 어린왕자는 "물은 마음에도 좋을 거야……" 하고 중얼거린다. 어린왕자가 지쳐 더 이상 걸을 수 없게 되자, 우리는 사막에 주저앉아 별을 보며 이야기를 나눈다.

"별들이 저렇게 아름다운 것은 눈에 보이지 않는 꽃 한 송이가 있기 때문이야……. 사막은 아름다워."

나도 사막을 사랑하고 있다는 것을 느낀다. 아무것도 보이지 않고 어떤 소리도 들리지 않는 모래 언덕에 앉아 있으면 침묵 속에서 빛나는 무엇이 있다. 내가 마음속으로 그것을 생각하고 있을 때, 어린왕자는 "사막이 아름다운 것은 어딘가에 샘을 숨기고 있기 때문이야……."라고 말한다.

나는 갑자기 사막 모래에서 어떤 신비한 빛의 존재를 깨닫고 놀란다. 어릴 때 나는 오래된 집에 살면서 그곳 어딘가에 보물이 숨겨져 있다는 이야기를 들은 적이 있다. 아무도 어떻게 그것을 찾아야 할지 몰랐고 어쩌면 찾지 않았을지도 모른다. 그러나 그 이야기를 듣자 집 전체가 매력적으로 여겨졌다. 나의 집은 깊은 곳 어딘가에 비밀을 숨기고 있었다. 집에 대한 기억과 갑자기 떠오른 생각으로 내가 "집이든 별이든 사막이든 그들을 아름답게 하는 것은 눈에 보이지 않아!"라고 말하자, 어린왕자는 "나의 여우와 같은 생각을 해서 기뻐."라고 말한다.

나는 잠든 어린왕자를 안고 걸으면서 깨지기 쉬운 보물을 안고 가는 느낌이 들어 달빛에 어린왕자를 바라보며 생각한다. '내가 여기서 보고 있는 것은 겉모습일 뿐이야. 가장 중요한 것은 보이지 않아…….' '잠든 어린왕자가 나를 이렇게 강렬하게 감동시키는 것은 꽃에 대한 그의 성실성, 그가 잠든 때에도 램프의 불꽃처럼 그의 전 존재를 통하여 빛나고 있는 장미꽃의 모습 때문이야…….'

이런 생각을 하자 나는 어린왕자가 더 부서지기 쉬운 존재로 느껴지고 한 줄기 바람에도 꺼질 수 있는 불꽃 같아 그를 보호해 주고 싶어졌다.

우리는 밤새도록 사막을 걸은 후, 동틀 무렵에 마침내 우물을 발견한다.

비행사와 어린왕자는 하루 종일 사막을 걷다가 밤이 되자 주저앉아 별을 보며 이야기를 나눈다. 비행사는 사막의 아름다움은 그 안에 신비로운 빛을 내는 샘이 숨겨져 있기 때문이라는 어린왕자의 말을 듣고, 문득 어릴 적 오래된 자신의 집이 그토록 빛나 보였던 이유를 알아차린다. 그는 겉모습 때문이 아니라, 눈에 보이지 않는 신비로운 것이 있어서 모든 존재는 빛난다는 것을 섬광처럼 깨닫게 된다. 비행사는 무엇이든 그것을 아름답게 만드는 것은 눈에 보이지 않는다는 것을 되뇌면서, 풀리지 않은 실마리가 풀리듯 불현듯 다른 모든 것을 이해한다. 그리고 비행사는 어린왕자의 겉모습이 아니라 꽃에 대한 그의 성실성, 그의 전 존재에서 빛나는 장미꽃의 모습, 부서지기 쉬운 장미꽃이 어린왕자의 내면에 있는 것을 발견한다. 그 후 그들은 새벽빛과 함께 사막에 숨겨져 있던 우물을 마침내 발견한다.

사막을 횡단하고 사막을 좋아하는 비행사는 물을 발견하기 힘든 사막이 아름다운 이유는 사막의 겉모습 아래에 샘, 즉 물을 숨기고 있어서라는 것을 어린왕자를 통해서 깨닫는다. 사막이 고유한 것은 내면에 샘을 숨기고 있기 때문이라는 것을 사막에서 목마름에 허덕이면서 알게 된다.

우리는 자신만의 고유성을 갖고 태어난다. 우리에게는 언제나 자기에게 존재하는, 보이지 않는 내면 깊숙이 숨겨진 자기만의 오래된 보물이 있다. 우리는 어린왕자처럼 누구도, 심지어 자신도 찾지 않았고 발견하지 못했을 보물을 찾으러 가야 한다. 삶의 여정을 통해서 그리고 여우와 어린왕자와 같은 친구를 통해서 깨닫는 자신의 아름다움은 무엇인가? 찾아 주길 기다리는, 발견해 주길 기다리는, 보이지 않지만 내 안의 빛나는 보물은 무엇인가?

어릴 적 집에서 보물로 여겼던 것은 무엇인가? 혹은 자신에게 보물과 같은 것은 무엇인가? 어린왕자 미술치료에서는 집단원들과 돌아가며 24장을 읽은 후에 어릴 적 보물에 대해 먼저 이야기를 나눈다. 어린 시절 집에서 보물로 여겼던 것에 대해 질문하면 집단원들은 한동안 생각에 잠긴다. 그러다 꿀단지, 엄마 화장품, 바나나, 곶감, 장독 안의 과일, 꽃밭의 꽃이나 열매 등 여러 가지가 자연스럽게 나온다. 대부분 자신의 집에 있는 보물에 대해 생각해 본 적이 없다는 이야기를 하지만, 생각의 실타래들은 어릴 적 보물처럼 여겨졌던 것들을 하나씩 풀어낸다. 어린 시절의 보물은 성인이 되어 생각해 보면 별것 아니지만, 그것을 생각해 내다 보니 어릴 적에 귀하게 여겼던 것들이 기억 속에서 빛을 내며 나타난다.

보물 주제 작업을 한 후에 집단원들은 그동안 어린왕자 미술치료에서 자신을 찾는 작업을 하면서 자신의 문제, 가족 간의 갈등, 관계에 대한 회의 등 부정적인 면을 보는 데 익숙했지만, 이렇게 자신의 보물을 찾는 작업은 자신의 긍정적인 면을 찾는 작업이라고 말했다. 어린왕자 집단미술치료는 자신에게 큰 위로가 되고 조금씩 변화를 갖게 하며 자신감을 주고 자신에 대해 한쪽 면만 보지 않는 경험이 되었다고 말했다. 집단원들은 서로의 보물에 긍정적 피드백을 한다. "근사해요!" "멋있어요!" "아, 동화를 듣는 기분이 들어요." "나의 어린 시절이 그렇게 팍팍하지만은 않았다는 것을 새롭게 느껴요." "나에게 이런 보물이 있다는 것을 생각나게 해 줘서 고맙습니다!"

어린왕자는 우리가 우리 안의 빛나는 보물을 발견하도록 동행해 준다. 이러한 주제가 이 동화의 큰 힘이며 위로다.

Kast(1992)는 우리가 사막에서 항상 물을 찾게 되는데, 그 물이 실제의 물이든 상징적 물이든 우리를 실제의 죽음과 영적인 황폐화의 죽음으로부터 지켜 주는 생명의 물이라고 한다. 그렇기 때문에 사막은 실제의 공간이든 상징적 공간이든 도전의 공간이며, 쇠퇴와 새로운 시작의 가능성이 공존하는 실존적 근본 경험의 장이 된다는 것이다. 어린왕자와 비행사는 위기의 공간에서 진정한 친구가 되어 새로운 가능성의 물을 찾고 그 의미를 체험한다.

치료사는 내담자의 갈등과 문제를 인식하는 것이 일차적 과제이지만, 내담자의 존재 전체, 보이지 않는 보물, 잠재되어 발견되기를 기다리는 빛나는 건강한 측면에도 귀 기울여야 한다. 그럴 때 우리는 온전한 관계 맺기를 시작할 수 있다. 온전한 관계 맺기는 어린왕자와 여우, 비행사와 어린왕자가 이루었던 것과 같은 것이다. 미술치료 과정에서 치료사와 내담자는 이미 만들어진 길을 가기보다 알 수 없는 내담자의 길을 함께 찾아간다. 내담자는 낯선 풍경을 그리며 그 그림에서 길을 묻고 들여다보고자 한다. 이때 치료사는 함께 들여다보고 길 찾기를 하며, 그 길에 숨겨진 보물을 발견하는 데 동행한다.

내담자의 성장과 변화는 바로 치료사의 성장과 변화다. 치료사는 내담자로 인해 성장한다. 둘의 주고받는 관계는 상황에 따라 항상 바뀌는 관계다. 치료사는 고쳐 주고 치료해 주는 것이 아니라, 내담자에게 주의를 기울이고 경청하며 기다려 줌으로써 그가 찾는 것을 발견하도록 한다. 치료사와 내담자 사이에 신뢰할 수 있는 내적 공간이 만들어지면 그들은 경이로운 체험을 하게 된다. 내담자는 자기 안의 빛나는 보물을 발견하게 된다. 그들은 함께 경이로운 보물을 찾아가는 고유한 주체자로서 상호 관계를 유지하며 함께 성장하면서 변화한다. 이러한 경험을 통한 치유는 치료사와 내담자 사이에 동료 관계와 우정이 깃들게 한다. 어린왕자와 여우, 어린왕자와 꽃, 그리고 어린왕자와 비행사의 사이처럼 말이다.

자신을 찾는 여행은 가장 힘든 시기에 새로운 시선과 깨달음을 주고 변화를 이끄는 성장 여행이며 치유 여행이다. 미술치료는 비행사와 어린왕자처럼 치료사와 내담자가 함께 여행을 하며 내적 보물을 찾아가는 길이다.

주제 1. 우리 집의 보물
• 어릴 적 자신의 집 혹은 자신이 보물로 여겼던 것 그리기/만들기

주제 2. 나의 보물, 자기 존재의 집에 있는 보물
• 자기 내면 깊이 오래전부터 있었고 지금도 있는, 자기를 반짝이고 매력적으로
  보이게 하는 자신만의 보물(성품, 가치, 습관, 재능, 자원 등) 그리기/만들기

주제 1. 〈우리 집의 보물〉

주제 2. 〈나의 보물〉

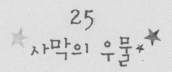

25
사막의 우물

어린왕자와 내가 발견한 우물은 모래를 파서 만든 사막의 우물과는 다르게 마을의 우물과 흡사하다. 사막에는 마을이 없는데도 말이다!

어린왕자와 나는 꿈꾸는 느낌을 받는다. 어린왕자는 모든 것이 준비되어 있는 상황을 이상하게 여긴다. 도르래도, 물통도, 밧줄도 준비되어 있는 우물이다. 어린왕자가 두레 밧줄을 잡고 도르래를 잡아당기자, 도르래는 낡은 풍차가 삐걱거리듯 소리를 낸다. 어린왕자는 나에게 "들어봐. 우리가 이 우물을 깨웠어. 그리고 우물이 노래를 하고 있어……." 어린왕자가 힘들까 봐 내가 두레박을 끌어올렸다. 나에게는 아직도 도르래의 노랫소리가 생생하게 울리고, 출렁이는 우물 속에 햇살이 일렁이는 것이 보인다. 어린왕자와 나는 마치 축제일에 맛있는 음식을 먹는 것처럼 눈을 감고 물을 꿀꺽꿀꺽 마신다.

이 물은 보통 물과 다르다. 우리가 별이 빛나는 하늘을 보며 밤새도록 걸어서 마침내 발견한 우물에서 도르래의 삐걱거리는 소리를 들으면서 두 팔에 힘주어 퍼 올린 물이 아닌가! 그것은 어릴 적 크리스마스 선물을 받았을 때와 같은 기쁨이다. 어릴 적 크리스마스 선물은 크리스마스트리의 불빛, 자정 미사의 음악 소리, 사람들의 부드러운 미소가 선물을 더 황홀하게 해 주었던 기억이 난다.

어린왕자는 사람들이 찾는 것은 수천 송이의 장미보다는 꽃 한 송이나 물 한 모금에 있다고 말한다. 그러면서 어린왕자는 그것은 눈에 보이지 않으므로 마음으로 찾아야 한다고 한다. 우리는 물을 마시고 숨결이 가벼워진다. 그때 아침 해가 떠오르면서 사막 모래는 꿀 빛깔을 띠기 시작하고 우리는 그 빛깔에 행복을 느낀다. 괴로워할 필요가 없다고 느낀다.

어린왕자는 물을 마신 후 양의 입에 씌워 줄 입마개를 만들어 주길 부탁한다. 나는 그동안 그려서 주머니에 넣어 두었던 그림을 꺼내 어린왕자와 이야기를 나눈다. 그런 후에는 입마개를 그려 뿌듯한 마음으로 어린왕자에게 건네준다.

어린왕자는 내일이 지구에 온 지 1년이 되며, 처음 도착한 곳이 바로 이 근처였다고 알려 준다. 어린왕자가 떠날 때가 되었다는 것을 알자 나도 모르게 슬퍼지면서 일주일 전 여기에서 어린왕자와 만난 것은 우연이 아니라는 생각이 든다.

어린왕자는 헤어질 것을 슬퍼하며 얼굴이 빨갛게 되어 머뭇거리면서 자신도 조금 무서워진다고 말한다. 어린왕자는 나에게 비행기를 고치고 나서 다음 날 저녁에 만나자고 한다. 그러나 나는 안심이 되지 않고 여우 생각이 난다. 서로에게 길들여지면 헤어질 때 울게 된다는 것을 직감한다.

어린왕자는 우물 물을 마신 후 사람들이 찾는 것은 꽃 한 송이나 물한 모금에 있다고 말한다. 그의 말은 "한 알의 모래 속에서 세계를 보며 한 송이 들꽃에서 천국을 본다. 그대 손바닥 안에 무한을 쥐고 한 순간 속에 영원을 보라."라고 한 Blake(2002)의 시를 떠올리게 한다.

어린왕자와 비행사는 여행을 거쳐 목마름을 채워 주는 치유와 생명의 우물을 스스로 퍼 올려 마실 수 있게 된다. 깊고 어두운 무의식은 더 이상 두려워할 것이 아니라, 생명의 노랫소리를 내며 햇살이 반짝이는 의식으로 올라와 황홀함을 주는 것이다. 이 우물 물을 마심으로써 어린왕자와 비행사는 슬펐던 기억들이 소중한 보물이라는 것을 인식하게 된다. 황무지의 사막에 생명의 물이 숨겨져 있으며, 어린왕자의 장미꽃에는 사랑이 존재한다는 것을 깨닫게 된다.

살아가면서 정신적 갈증을 느낀 적이 있을 것이다. 일상의 물과 다른, 자신에게 기운과 꿈을 불러일으킬 물을 찾은 적이 있을 것이다. 신선한 물을 찾았던 자신의 갈증은 무엇인가? 언제 물을 찾았는가? 그런 물을 발견하여 갈증을 풀었던 적은 언제인가?

갈증은 우리가 살아 있다는 것을 확인시켜 준다. 만약 우리에게 목마름이 없다면, 목마름을 느끼지 못한다면 우리의 삶은 시들어 가고 의미도 없을 것이다. 목말라 했던 상황, 목말라 하는 상황은 자기 삶의 의미를 찾는 것이다. 나의 목마름은 무엇인가?

제2차 세계대전 당시 유대인의 죽음의 수용소인 아우슈비츠에서 겪은 삶의 성찰을 통해 의미요법logotherapy을 창시한 Frankl(1993)은 현대인이 실존적 좌절의 시대에 살고 있다고 말한다. 의사로서의 그의 경험에 의하면 오늘날 정신과 환자들에게는 자신의 존재와 삶이 무의미하다는 감정에 강하다. 그는 이런 현상을 '실존적 진공상태'라고 한다. 실존적 공허감은 환자뿐만 아니라 현대인에게도 만연해 있다.

어린왕자와 비행사는 정신과 영혼의 목마름을 실존적으로 인식하기 위해 무의식적으로 사막을 찾아온다. 이 두 존재는 사막에서 삶을 체험하고 삶의 의미를 찾는 영혼들이다. 그들은 사막의 위기 상황에서 갈증을 겪으면서도 대화를 나누며 삶의 의미와 존재의 의미를 찾았고, 드디어 새벽에 우물을 발견한다.

그 우물에는 사막에 있으리라고 믿기지 않는 도르래, 물통, 밧줄이 이미 준비되어 있다. 목마름으로 계속하여 질문하고 찾는 자가 답을 찾게 될 때, 모든 것이 신비로운 현상으로 그를 반긴다. 두 존재는 물속으로 두레박을 내려 보내 오랜 잠을 자던 우물을 깨운다. 오랫동안 잠자고 있던 우물 물은 잠에서 깨어나 햇빛에 반짝이며 도르래와 함께 노래하듯 올라온다. 어린왕자와 비행사는 축제에서 맛있는 음식을 먹는 것처럼 물을 마신다. 크리스마스에 선물을 받은 것처럼 기쁨을 주는 물이다. 어린왕자와 비행사는 그들이 찾는 것은 꽃 한 송이와 물 한 모금에 있다는 것을 발견하고 기뻐하면서 행복해한다.

우물은 지하 세계와 접촉하는 것으로 자주 무의식과 관련된 상징을 지니며, '치유력과 소원을 성취하는 힘'을 지닌다. 어린왕자와 비행사가 만난 우물은 보통의 우물과 다른 특별한 우물이다. 우물에 도르래를 던져 아래로 내리는 것은 무의식의 영역과 만나는 행위다. 그러한 물은 영원한 생명, 젊음, 건강을 상징하며 이를 마시는 것과 같다. 물이 구원과 정화를 위한 것으로 수많은 민족의 의례에 사용된 것처럼, 사막에서 마시는 물은 어린이의 정신을 되돌려 주는 정화수가 된다. 두 사람이 만난 우물은 생명의 물인 동시에 행복과 지혜를 숨기고 있던 보물이고 무의식의 보고다.

어린왕자가 정체성의 문제와 자신의 그림자를 직면하고 혼란스러워하며 여행을 떠나기로 했을 때에는 그것과 어떻게 화해하고 갈등을 어떻게 해결할지 몰랐을 것이다. 그러나 그는 일상을 떠나 여러 유형의 사람들을 만나고 다양한 감정을 표현하며 자신을 재경험하면서, 여우를 만나고 사막을 걸어 우물까지 오면서 온전한 자기를 볼 수 있게 된다. 자신 안에 바로 보물이 들어 있다는 것을 사막에서 퍼 올린 우물 물을 마시면서 인식하고, 자신의 그림자와 화해하며, 새로운 힘을 얻게 된다. 어린왕자는 두려워할 것이 없는 또 다른 삶으로의 여정을 기대한다.

비행사가 사막에 불시착한 것도 어린왕자의 여행과 같은 맥락을 지닌다. 비행기의 고장은 자기 내면의 불만족, 심리적 고장과 같은 맥락이다. 비행사는 그러한 상황에서 어린왕자를 만나고, 어린왕자를 통해 자신의 어린 시절, 보이지 않는 것을 그렸던 어린 시절, 자신의 갈등, 자신의 모습, 자신의 영혼을 발견한다.

그들은 사막에서 생활하고 우물을 찾아 물을 마시게 되면서 "인성의 새로운 면이 밝혀지고 새로운 극복 능력"(Kast, 1992)을 사막으로부터 얻게 된다. 어린왕자와 비행사를 통해 사막에는 위험이 존재하긴 하지만, 그곳은 정신적·영적 풍요로움을 재발견할 수 있는 공간임을 보여 준다. 사막은 무한과 무경계의 공간이면서 동시에 자신에 대한 집중을 요구하는 자기확장의 체험 공간이다(Kast, 1992). 인간은 이러한 사막을 체험함으로써 자기 자신의 무한한 가능성을 경험하며, 또한 자신의 낡고 정체된 가치와 그림자를 다시 대면하여 그것을 뛰어넘어 통합할 수 있게 된다.

이 시기는 미술치료에서 종결을 준비하는 단계에 해당한다. 치료 초기에 찾고자 했던 목표가 이루어지는 종착역에 가까워진 것이다. 내담자와 치료사는 혼란스럽고 두려웠던 갈등과 무의식의 우물에서 치유를 위한 생명의 물을 함께 퍼 올린다. 그리고 치유의 물을 마시며 두려워할 것이 없다고 느낀다. 내담자와 치료사는 그들의 삶의 여정을 계속하겠지만, 이제는 새로운 힘과 새로운 시선으로 무의식의 내용이 두렵거나 피할 것이 아니라 화해하고 의식으로 퍼 올려 환하게 해 주길 기다리던 보물이라는 것을 알게 된다. 이제 치료사는 내담자가 스스로 우물에 도르래를 내리고 물을 퍼 올릴 수 있다는 것을 알고 그와의 여행을 마감할 준비를 한다.

주제 1. 나의 우물

• 삶의 갈증으로 찾은 자기만의 특별한 우물을 생각하여 이미지화

주제 2. 샘

① 이완 및 호흡 명상(지도자가 명상과 시각화 작업 안내)

② 시각화 작업

"당신은 나무들이 울창한 산길을 걷고 있습니다.

숲의 나뭇잎들은 햇빛을 받아 반짝입니다.

산들거리는 바람이 당신의 얼굴, 어깨와 온몸을 부드럽게 어루만져 줍니다.

길가에는 야생꽃들이 소박하고 아름답게 피어 있습니다.

어디선가 새소리가 들리고 작은 동물들이 뛰어다니는 모습도 보입니다.

숨을 깊게 들이쉬며 숲의 향기를 맡아 보세요.

산길을 걷다 보니 물을 마시고 싶어집니다.

그때 어디선가 물소리가 들려 그곳으로 다가갑니다.

당신은 샘을 발견합니다.

샘은 신비한 모습으로 당신 앞에 있습니다…….

당신은 샘에 다가가 몸을 숙여 손으로 샘물을 받아 한 모금 마십니다…….

이제 당신의 목마름이 채워져서 당신은 샘과 작별하고 우리가 있는 이곳으로 돌아
옵니다.

천천히 손발을 움직인 후 눈을 뜹니다."

③ 숲 속에서 만난 샘과 자신 그리기/샘 그리기

④ 감상 및 대화 나누기

주제 1. 〈나의 우물〉

주제 2. 〈샘〉

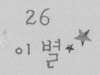

26
이별

내가 비행기 수리를 마치고 돌아왔을 때, 어린왕자는 허물어진 돌담에 걸터앉아 보이지 않는 누군가와 "넌 더 이상 기억하지 못하니? 분명히 여기는 아니야!"라며 이야기를 나누고 있었다. 다시 어린왕자는 "그래, 날은 맞는데 장소는 여기가 아니야……."라고 한다. 나는 어린왕자가 어떤 존재와 이야기를 주고받는 것을 엿듣는다. 어린왕자가 그 존재에게 "네 독은 좋은 거니? 분명히 나를 오랫동안 아프지 않게 할 수 있지?" "그럼 지금 가, 나는 담에서 내려갈 거야."라고 말하는 것을 듣는다. 나는 가슴이 두근거렸지만 여전히 어린왕자가 하는 말을 이해하지 못한다.

그 순간 어린왕자와 말하는 존재가 돌담 밑에 있는 노란 뱀이라는 것을 발견한다. 뱀이 어린왕자를 향해 몸을 세우고 있어 내가 주머니에서

권총을 뒤지며 다가가려 하자, 뱀은 그 소리를 듣고 모래 속으로 사라져 버린다. 나는 얼굴이 창백해진 어린왕자를 안고 물을 마시게 한다. 어린 왕자는 내가 이미 비행기를 고쳤다는 것을 알고 자신도 집으로 돌아간 다고 슬픈 목소리로 말한다. 오늘 밤 먼 길을 가는 것이 무서울 것이라고 말한다.

나는 어린왕자와 헤어지는 것에 마음 아파하면서 어린왕자의 웃음은 사막의 샘과 같다는 생각을 한다. 나는 어린왕자의 웃음소리를 더 듣고 싶다고 했지만, 어린왕자는 1년 전 이곳에 도착했으니 이제는 떠나야 한다고 이야기한다.

어린왕자는 중요한 것은 눈에 보이지 않는다고 다시 말한다. "그것은 어느 별에 사는 꽃 한 송이를 사랑한다면, 밤에 하늘을 바라보는 게 매우 즐거운 일인 것과 같아. 모든 별은 꽃으로 가득 차 있으니까." 나는 그 말에 공감한다. 어린왕자는 계속 말한다. "그것은 물과 같아. 나에게 마시라고 준 물은 음악과 같았어. 바람과 도르래와 함께…… 기억하자……. 물맛은 참 좋았지."

나는 계속하여 수긍하고 어린왕자는 계속 말한다. "밤에는 별들을 쳐다봐. 내 별은 너무 작아 어디 있는지 가르쳐 줄 수 없어. 그것이 더 좋아. 나의 별은 수많은 별들 중의 하나야. 그러니까 어느 별을 바라보아도 즐거울 거야……. 별들은 모두 아저씨 친구가 되겠지. 그러면 나는 아저씨에게 선물을 하게 되는 것이지……."

어린왕자가 웃자, 나는 "아! 난 너의 그 웃음소리가 좋다!"라고 말한다.

어린왕자는 "그게 바로 내 선물이 될 거야." 하며 설명해 준다. 어린왕자는 사람들에게 별은 서로 다른 존재여서, 여행자에게는 길잡이가 되고 학자에게는 연구대상이며 실업가에겐 금과 같지만, 그런 별들은 모두 그들에게 침묵한다고 말한다. 그러나 나는 별에서 어린왕자가 웃는 것을 볼 것이라고 말한다. 그러면 모든 별이 웃고 있는 것처럼 보이고 나는 웃을 줄 아는 별들을 가지게 된다는 것이다.

어린왕자는 헤어지는 슬픔이 지나면 서로 친구가 된 것을 기뻐하며, 내가 가끔 창문을 열고 자신과 함께 웃을 거라고 한다. 나의 친구들이 그 모습을 보고 의아해하면 별들을 보면 나는 언제나 웃음이 나온다고 말해 주라고 어린왕자는 알려 준다. 친구들에겐 나의 행동이 미친 것처럼 보이지만, 그것은 어린왕자가 별 대신 웃고 있는 조그마한 방울들을 나에게 한아름 주는 것과 같다고 한다.

어린왕자는 뱀의 도움으로 자기 별로 떠나는 것이 자신이 죽은 듯 보일지 모르지만 정말 죽는 것은 아니라며 나를 안심시킨다. 그리고 어린왕자도 별을 바라볼 것이고, 모든 별은 그에게 녹슨 도르래가 있는 우물로 보일 것이며, 그래서 별들이 모두 자기에게 마실 물을 줄 것이라고 한다.

어린왕자는 내가 5억 개의 작은 방울을 갖게 되고 자신은 5억 개의 샘물을 갖게 된다고 말하면서 눈물을 보인다. 그는 혼자 가게 해 달라고 부탁하며 기운을 내어 자기가 왔던 곳으로 간다. 어린왕자는 소리 하나 내지 않고 발목에 노란 한 줄기 빛을 반짝이며 나무가 쓰러지듯 천천히 쓰러진다.

어린왕자가 자기 별로 돌아갈 때가 되자 뱀이 다시 나타난다. 어린왕자는 뱀과 이야기를 나누고 뱀은 약속을 지켜 준다. 비행사가 무섭게 여겼던 뱀은 자신의 힘으로 어린왕자를 보호해 주고 치유해 주며, 이 세상에서 저 세상으로 옮겨 주는 힘과 생명의 힘이 있다는 것을 보여 준다.

어린왕자와 여우가 서로의 헤어짐에 슬퍼하면서도 보이지 않는 소중한 기억과 늘 생각하고 떠올릴 수 있는 이미지들을 품고 있어 행복한 마음으로 작별했듯, 어린왕자와 비행사도 그렇게 헤어진다. 어린왕자는 꽃을 떠날 때와는 다른 마음과 다른 방식으로 여우와 비행사와 작별을 한다. 그들은 헤어지지만 그들의 삶과 그들이 사랑하는 존재, 걱정하는 생활에서도 함께 찾은 보물이 늘 곁에 있다는 믿음을 가지고 떠난다. 서로의 보물을 공유할 수 있다는 것은 작별에 큰 위로가 된다.

뱀은 더 이상 무섭고 두려운 존재가 아니라 어린왕자가 고향으로 돌아가는 데 동행해 주는 존재로 받아들여진다. "삶의 많은 위기 뒤에는 원래 성장 위기가 숨겨져 있다."(Kast, 1998b)는 것을 비행사와 어린왕자는 위기 극복 과정을 겪으면서 깨닫게 된다.

이별은 삶의 일부분이다. 이별은 사람에 따라, 연령에 따라, 상황에 따라 다르게 경험된다. 어린아이는 어머니의 짧은 부재를 영원한 이별처럼 느낄 수 있고, 너무 잦은 어머니의 부재로 인해 분리불안을 경험할 수도 있다. 어릴 적의 잦은 전학은 이별에 대한 아쉬움과 더불어 성인이 되어서도 새로운 만남과 적응에 대한 불안을 남길 수 있다. 사랑하는 사람과 이별하는 것은 견디기 어려운 시간이다. 가족이나 친구를 다른 세상으로 떠나보내는 이별은 큰 슬픔과 상실로 남게 된다. 어떤 형태의 이별이든 떠남과 떠나보냄에는 아쉬움, 안타까움, 슬픔이 묻어 있다. 그러나 자신의 변화를 위해 떠나면서 이별할 때는 서로가 그 이별 뒤에 맞이하게 될 변화에 대한 기대도 품게 된다. 행복한 마음으로 작별하는 것에는 좋았던 기억과 희망이 함께 존재한다.

이 내용은 치료의 종결에 비유할 수 있다. 내담자는 종료 시점에 자율성, 내적 힘, 자신감을 인식하고 자기를 수용하며, 헤어짐도 삶의 일부분이라는 것을 받아들인다. 새로운 시선, 새로운 원기로 새 출발을 한다. 치료 과정 초기에는 내담자의 상처받은 내면 상황이 무서운 뱀을 만난 것에 비유될 수 있다면, 치료 과정에서 이러한 기억이 치유되면서 치료 종료 시점에는 뱀이 다른 힘으로 변화될 수 있다는 것을 보여 준다.

주제 1. 이별

• 이별, 상실에 대한 개인 체험 이미지로 그리기/만들기

주제 2. 그리운 존재

• 그리워하는 존재를 생각하여 이미지로 그리기/만들기

주제 1. 〈이별〉

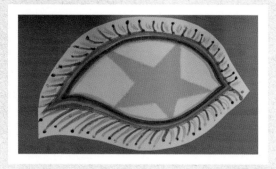

주제 2. 〈그리운 존재〉

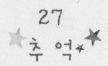

27
추억

나는 어린왕자와 헤어진 지 6년이 흐른 후에 그의 이야기를 처음으로 한다. 친구들은 나의 생환을 반겨 주었지만 난 어린왕자와 헤어져 슬퍼하고 있었다. 6년의 세월이 흐르면서 나의 슬픔도 조금씩 약해졌지만, 어린왕자가 자기 별로 돌아간 것을 알고 있다.

그래서 나는 밤이면 5억 개의 작은 방울처럼 보이는 별들에게 귀 기울이길 좋아한다. 양의 입마개에 가죽 끈을 달아 준다는 것을 잊어버려 궁금하기도 하다. 내가 이런 생각으로 행복해지면, 모든 별도 웃고 있다. 그러나 어린왕자가 밤에 꽃에게 유리 덮개를 덮어 주는 것을 잊은 것은 아닌지, 양이 밖으로 나오면 어쩌지 하는 생각을 하면 작은 방울들 모두 눈물방울로 변한다.

이야기로만 들었던 양이 장미를 먹느냐 먹지 않느냐에 세상이 달라

보이는 것은 나에게는 수수께끼와 같다. 이처럼 생각에 따라 모든 것이 달라지는데, 어른들은 그것이 얼마나 중요한지 이해하지 못한다.

나는 어린왕자와의 만남을 생각하면서 가장 아름답고도 슬픈 풍경을 그려 본다. 이곳은 어린왕자가 지구에 왔다가 다시 사라진 곳이다. 나는 이 이야기를 들은 사람들이 아프리카 사막을 여행할 때 이 그림의 풍경을 알아보길 바란다. 만약 여행자들이 이곳을 지나게 되면 서둘러 가지 말고 잠깐 별 밑에서 기다려 보길 부탁하고 싶다. 그때 금빛 머리카락을 한 웃는 아이가 묻는 말에 대답하지 않으면 그가 누군지 알아채길 바란다. 그리고 내가 슬퍼하고 있도록 놔 두지 말고 어린왕자가 돌아왔다고 빨리 편지를 보내 주길⋯⋯.

비행사는 어린왕자와 헤어지고 6년 후 그의 이야기를 쓰고 어린왕자의 별에 대한 상념과 어린왕자가 지구에 와서 자기 별로 떠났던 곳을 마지막으로 소개한다. 사막과 별이 있는 풍경! 그는 어린왕자와의 아름다운 만남을 생각하며 항상 그를 그리워한다. 어린왕자는 비행사의 마음 안에 늘 존재하고 있다. 그는 어린왕자에 대한 추억으로 행복한 감정과 슬픈 감정이 교차하는 마음을 그대로 받아들인다.

비행사는 자기 존재의 의미를 찾으러 사막으로 떠나는 사람에게 서두르지 말고 별과 만날 것을 부탁한다. 그곳에서 우리 안의 온전한 아이, 온전한 영혼을 만나길 바란다. 어린왕자와 그의 별은 어른의 내면에 간직된 영혼의 세계라는 것을 알려 준다.

"우리 각자는 별을 하나씩 가지고 있다. 우리는 그것을 영혼이라고도 부른다. 불행하게도 우리는 오직 깜깜한 암흑 속에서만 자신의 별을 제대로 보게 된다. 그래서 고통을 겪고 나서야 비로소 자신의 별을 따라가게 되는 경우가 허다하다."(Remen, 2005)

비행사는 어린왕자를 통해 우리에게 외로움과 고통과 목마름에 고군분투하는 사막에서 자신의 삶을 되돌아보게 되고 영혼을 위한 만남이 이루어진다는 것을 알려 준다. 또 우리가 외로울 때나 여행이 필요할 때 사막으로 가면 금빛 머리카락을 날리며 우리에게 웃고 있으며 묻는 말에 대답을 하지 않는 존재인 어린왕자, 즉 우리 마음과 영혼의 주인을 다시 만나게 될 것을 전한다. 이 만남은 늘 여행을 통해 이루어진다. 지리학자가 평생 하지 못했을 여행을 통해서…….

반 고흐는 그의 편지에서 우리가 고독하게 찾아야 하는 존재와 그 의미에 대해 쓴다. "영혼에 깊이 새겨진 것은 영원히 살아 있어서 계속 그 대상을 찾아다닌다고 하지 않니……. 고독이 너의 일에 몰두하게 하고, 네 생각 전부를 차지하면서 꿈꾸고 생각에 잠기게 할 것이다. 될 수 있으면 많이 감탄하고 산책을 자주 하고 자연을 사랑했으면 좋겠다……." (van Gogh, 1999)

비행사는 온 세상을 날아다니며 자신 안의 어린아이, 자기의 온전한 영혼을 찾고 있었다. 그것이 비록 무의식적 선택이었다 하더라도……. 그는 필연적으로 사막에 머무르고 어린왕자를 만나게 될 운명의 여행자다. 비행사는 사막에서의 만남을 체험하고 일상으로 돌아와 기뻐하고 슬퍼하며 감탄할 수 있는 어른이 되었다.

어린왕자는 우리에게 삶의 의미를 찾아가는 길을 안내해 주는 순수한 영혼이며, 호기심과 물음이 끊이지 않는 존재다. 그는 어린 시절의 기억, 우정, 보이지 않는 것 보기, 외로움, 슬픔, 행복, 동물과 식물, 자연, 우주, 삶과 죽음 그리고 영원에 대해 알려 준다.

법정 스님(2009)은 "아름다운 마무리는…… 내 안의 자연을 되찾는" 것이자 "우리 모두는 서로 연결된 존재임을 깨닫는" 것이며, "순례자나 여행자의 모습"으로 사는 것이라고 말한다.

미술치료사는 미술치료를 종료하면서 그동안 내담자의 전 작품들을 펼쳐 두고 다시 한 번 내담자와 치료 과정을 되돌아보는 시간을 갖는다. 내담자는 자신의 어떤 작품을 보고는 '낯설다'고 하거나 '지금 그리면 다르게 그릴 것'이라는 이야기를 한다. 또 어떤 작품에 대해서는 그것을 그릴 당시에는 감정이 많이 올라왔는데, 종료 시점에는 희미해진 기억으로 남아 별 의미를 주지 않는다고 말하기도 한다. 내담자의 이런 이야기들은 종료가 내담자 자신에게는 새로운 다른 시작이라는 것을 스스로에게 말하는 것이다.

미술치료사도 종료 후 자신의 내담자를 생각하며 그림을 그리기도 한다. 이는 미술치료사에게도 내담자와 함께한 내면 여행이 어떠했는지를 되돌아보는 시간이기도 하며 치료사로서의 성찰의 기회이기도 하다.

'어린왕자 미술치료'를 종료하면서 참여자들과 그동안 만든 작품들을 모아 놓고 어떤 여행을 하게 되었는지 이야기를 나눈다. 인상적이었거나 마음의 역동이 많이 올라왔던 주제, 행복했던 주제 등에 대한 이야기다. 많은 참여자들이 어린왕자와 함께 여행하면서 자신의 삶을 돌아보게 되었고 자신이 변하게 되었다는 이야기를 한다.

우리는 어린왕자가 우리를 치유해 준 치료사라는 것을 깨닫게 된다.

주제 1. 어린왕자의 선물
• 『어린왕자』 전체 이야기를 다시 음미하기
• 내가 어린왕자에게 받은 선물은 무엇인가? 선물을 상징적으로 그리기/만들기

주제 2. 어린왕자를 위한 선물
• 내가 어린왕자에게 주고 싶은 선물은 무엇인가? 선물을 상징적으로 그리기/만들기

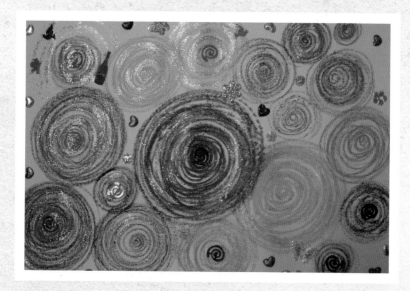

주제 1. 〈어린왕자의 선물〉

주제 2. 〈어린왕자를 위한 선물〉

에필로그

　『어린왕자 미술치료』의 원고 집필을 마친 후 강원도 산골짜기 수녀원으로 가는 길 내내 "내면으로 가는 길은 신비에 가득 찬 길이다."라고 한 노발리스Novalis의 글이 어린왕자와 비행사의 말처럼 귓가를 맴돌았다. 어린왕자는 우리 내면의 신비로운 세계를 일깨워 주었으며, 우리가 잃어버리고 또 잊고 있던 중요한 것을 다시 찾을 수 있게 해 주었다.

　필자는 '어린왕자 미술치료 워크숍'을 시작할 때, 색색의 작은 구슬들이 수북이 담긴 쟁반을 가운데 두고 참여자들에게 각자 자신의 별을 한 개씩 찾아 간직하라고 제안한다. 모두들 빛나는 눈빛으로 자신이 원하는 별을 찾는 모습은 바로 우리의 여행이 이런 반짝임과 호기심으로 시작된다는 것을 실감나게 한다. 그리고 긴 여행을 마친 후 참여자들은 자신 안의 중요한 것을 발견하고 또 다른 여행지로 떠난다.

　원고를 탈고하면서 그동안 '어린왕자 미술치료 워크숍'에 참여하신 분들에게 진심으로 감사를 드린다. 원고를 쓰는 내내 워크숍에 참여하신 분들의 모습을 떠올렸으며, 이 분들은 어린왕자처럼 항상 힘이 되어 주셨다. 이 분들과 주제를 함께 생각하고 그림으로 표현하면서 고민하고 슬퍼하고 위로하고 칭찬하고 기뻐하면서 행복한 시간을 보냈던 그런 기억을 옮기게 되었다.

이 과정에서 자신을 위로하는 법을 아는 것이 먼저라는 것을 깨달은 분, 참여자들로부터 위로를 받았기에 누군가를 위로해 줄 수 있을 것 같다고 하신 분, 쉰의 나이에도 자신이 성장할 수 있다는 믿음을 갖게 되었다고 하신 분, 변화와 치유의 힘을 얻었다고 하신 분, 어린왕자를 만나지 않았다면 얼마나 힘들었을까 하며 미소 지으신 분, 자신의 사랑을 다시 확인할 수 있는 계기가 되었다고 하신 분……. 이런 분들이 아니었다면 '어린왕자 미술치료'를 책으로 낼 생각은 하지 못했을 것이다. 여우의 우정처럼 마음을 나눈 분들에게 이 책을 바치고 싶다. 또한 작품 사진과 동화 내용을 기꺼이 보내 주시고 허락해 주신 분들과 표지 그림을 위해 정성을 다한 제자 전소은에게 지면을 빌려 마음 깊이 고마움을 전하고 싶다.

이 책을 준비하는 동안 항상 격려하고 지지해 준 가족들에게도 무한한 감사를 드린다. 그리고 『어린왕자 미술치료』라는 낯선 책에 관심을 보이시며 기꺼이 출판을 허락해 주신 학지사의 김진환 사장님과 마음을 다해 교정을 도와주신 편집부 하시나 님에게도 진심으로 감사를 드린다.

에필로그 199

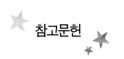

참고문헌

법정(2009). 아름다운 마무리. 서울: 문학의 숲.

이부영(1995). 한국민담의 심층분석. 서울: 집문당.

정여주(2001). 동화를 통한 미술치료. 임상예술12(1), 99-102.

정여주(2014). 미술치료의 이해: 이론과 실제. 서울: 학지사.

Adler, A. (1985). *Individual Psychologie in der Schule*. Frankfurt am Main: Fischer.

Baer, U. (2004). *Gefühlssterne Angstfresser Verwandlungsbilder*. Neukirchen-Vluyn: Affenkönig-Verl.

Becker, U. (1998). *Lexikon der Symbole*. Freiburg: Herder.

Bettelheim, B. (1994): *Kinder brauchen Märchen*. München: Deutscher Taschenbuch Verlag.

Blake, W. (2002). 천국과 지옥의 결혼(*Marriage of heaven and hell*) (김종철 역). 서울: 민음사. (원전은 1925년에 출간).

Buber, M. (1990). 나와 너(*Ich und Du*) (표재명 역). 서울: 문예출판사. (원전은 1924년에 출간).

Carrouges, M. (1995). 샤를 드 푸코 사하라 사막의 성자(*Charles De Foucauld*) (박갑성 역). 서울: 성바오로 출판사. (원전은 1956년에 출간).

Cooper, J. (2003). 그림으로 보는 세계문화상징사전(*An illustrated encyclopaedia of traditional symbols*) (이윤기 역). 서울: 까치. (원전은 1978년에 출간).

Dannecker, K. (2006). *Psyche und Ästhetik*. Berlin: Medizinisch Wissenschaftliche Verlagsgesellschaft.

Drewermann, E., & Neuhaus, I. (1984). *Der goldene Vogel*. Olten: Wlater-Verlag.

Frankl, V. (1993). *Der Mensch vor der Frage nach dem Sinn*. München: Piper.

Jaffe, A. (1962). *Erinnerungen, Träume, Gedanken von C. G. Jung*. Zürich: Buchclub Ex Libris.

Jung, C. G., von Franz, M-L., Henderson, J. L., Jacobi, J., & Jaffe, A. (1982). *Der Mensch und seine Symbole*. Olten: Walter-Verlag.

Kast, V. (1992). *Traumbild Wüste*. Olten & Freiburg in Breisgau: Walter-Verlag.

Kast, V. (1998a). *Familienkonflikte im Märchen*. München: Deutscher Taschenbuch Verlag.

Kast, V. (1998b). *Märchen als Therapie*. München: Deutscher Taschenbuch Verlag.

Kast, V. (1998c). *Mann und Frau im Märchen*. München: Deutscher Taschenbuch Verlag.

Lucas, I. (1994). Es ist immer nur jetzt. In G. Schottenloher (Hrsg.), *Wenn Worte fehlen, sprechen Bilder* (pp. 288-296). München: Kösel.

Merton, T. (1999). 고독 속의 명상(*Thought in solitude*) (장은명 역). 서울: 성바오로 출판사. (원전은 1958년에 출간).

Neruda, P. (2008). 스무 편의 사랑의 시와 한 편의 절망의 노래(*Veinte Poemas de Amor Y Una Canción Desesperada*) (정현종 역). 서울: 민음사. (원전은 1924년에 출간).

Petersen, P. (2000) *Der Therapeut als Künstler*. Stuttgart: Mayer.

Petzold, H. (1991). Überlegungen und Konzepte zur Integrativer Therapie mit kreativen Medien und einer intermedialen Kunstpsychotherapie. In H. Pezold & I. Orth (Hrsg.), *Die neuen Kreativitätstherapien: Handbuch der Kunsttherapie Band II* (pp. 585-638). Padaborn: Junfermann.

Remen, R. N. (2005). 할아버지의 기도(*My grandfather's blessings*) (류해욱 역). 서울: 문예출판사. (원전은 2000년에 출간).

Riedel, I. (2000). 융의 분석심리학에 기초한 미술치료(*Maltherapie*) (정여주 역). 서울: 학지사. (원전은 1992년에 출간).

Saint-Exupéry, A. (1972). *The little prince*. London: Butler & Tanner Ltd.

Saint-Exupéry, A. (1989). *Der Kleine Prinz*. Ostfildern: Mairs Graphische Betriebe.

Saint-Exupéry, A. (2000). 어린왕자 (김제하 역). 서울: 소담출판사.

Samuels, A., Shorter, B., & Plaut, F. (2000). 융분석비평사전(*A critical dictionary of jungian analysis*) (민혜숙 역). 서울: 동문선. (원전은 1968년에 출간).

Sansot, P. (2000). 느리게 산다는 것의 의미(*Du Bon Usage de La Lenteur*) (김주경 역). 서울: 현대신서. (원전은 1998년에 출간).

Schmeer, G. (1994). Märchen-Bilder in der Psychotherapie. In G. Schottenloher (Hrsg.), *Wenn Worte fehlen, sprechen Bilder* (pp. 151-159). München: Kösel.

van Gogh, V. (1999). 반 고흐, 영혼의 편지 (신성림 역). 서울: 예담.

von der Heide, P. (2000). *Therapie mit Geistig-Seelischen Mitteln*. Dornach: Verlag am Goetheanum.

von Franz, M-L. (1982). Der Individuationsprozess. In C.G.Jung, M-L. von Franz, J. Jacobi, & A. Jaffe (Hrsg.), *Der Mensch und seine Symbole* (pp. 160-229). Olten: walter-verlag.

지은이 소개 ★

정여주(Jeong Yeoju)

독일 쾰른 대학교 교육학 석·박사

미술치료 전문가, 아동심리치료 전문가, 아동상담 전문가

아동상담지도자 감독 전문가, 통합예술심리행동재활 전문가

전) 서울여자대학교 교수, 원광대학교 초빙교수, 동국대학교 겸임교수,
    정여주미술치료연구소(www.jbaum.kr) 소장

현) 차의과학대학교 미술치료대학원 원장

<주요 저 · 역서>

만다라와 미술치료(2판, 학지사, 2014)

미술치료의 이해: 이론과 실제(2판, 학지사, 2014)

만다라 미술치료: 이론과 실제(학지사, 2013)

미술교육과 문화(3판, 공저, 학지사, 2012)

정신분석적 미술치료(공역, 학지사, 2011)

만다라 그리기 시리즈(학지사, 2007, 2010)

노인미술치료(학지사, 2006)

치유로서의 그림(역, 학지사, 2006)

그림 속의 나(공역, 학지사, 2004)

루돌프 슈타이너의 인지학 예술치료(공역, 학지사, 2004)

색의 신비(역, 학지사, 2004)

상호작용놀이를 통한 집단상담(공저, 학지사, 2001)

융의 분석심리학에 기초한 미술치료(역, 학지사, 2000) 외 다수

어린왕자 미술치료
—내면의 샘을 찾아가는 치유여행—

Art Therapy with the Little Prince

2015년 2월 25일 1판 1쇄 발행
2016년 8월 20일 1판 2쇄 발행

지은이 • 정여주
펴낸이 • 김진환
펴낸곳 • (주) **학지사**

04031 서울특별시 마포구 양화로 15길 20 마인드월드빌딩
대표전화 • 02)330-5114   팩스 • 02)324-2345
등록번호 • 제313-2006-000265호

홈페이지 • http://www.hakjisa.co.kr
페이스북 • https://www.facebook.com/hakjisa

ISBN 978-89-997-0575-5 03180

정가 15,000원

이 도서의 국립중앙도서관 출판시도서목록(CIP)은 서지정보유통지
원시스템 홈페이지(http://seoji.nl.go.kr)와 국가자료공동목록시스템
(http://www.nl.go.kr/kolisnet)에서 이용하실 수 있습니다.
(CIP제어번호: 2015000274)

교육문화출판미디어그룹 **학지사**

심리검사연구소 **인싸이트** www.inpsyt.co.kr
원격교육연수원 **카운피아** www.counpia.com
학술논문서비스 **뉴논문** www.newnonmun.com